2016 Suna Kim

하늘 구름

포엠포엠 시인선 014

슬픈 늑대

김순아 시집

야생성이 번득이는 늑대의 슬픈 눈빛,

차례

제1부 슬픈 늑대

수족관 물고기 · 15
매미 · 16
마이너스의 손 · 17
성우의 문학교과서 · 18
노숙자 · 19
죽음 권하는 사회 · 20
시발역 始發驛 · 21
택시기사 K씨 · 22
그의 실업은 사소한 것이었다 · 23
아수라장 · 24
눈물 · 25
로드 킬 · 26
슬픈 늑대 · 27
괜찮을까 · 28
길고 지루한 뉴스 · 29
몸말 · 30
생존방식 · 31
사후 死後 · 32
바닥의 힘 · 33
비 내리는 아침 · 34
평화로운 오후 · 35
향기의 근원지 · 36

제2부 가을모퉁이

쑥 · 39
오카리나 소리 · 40
그들의 사랑 · 41
가을모퉁이 · 42
엎질러야 산다 · 43
꽃상여 · 44
새 울음 · 45
양산천梁山川 · 46
황톳물 · 47
변두리 · 48
풀의 포스 · 49
유유流流 · 50
광고―보험 · 51
접속시대 · 52
뿌리의 힘 · 53
저녁들 · 54
악착 · 55
본다 · 56
날마다 소리 없이 · 57
베낀다 · 58
이사 · 59

제3부 비에 젖는다

당신 · 63
쐐기문자 · 64
사이사이 · 65
이런 날도 있다 · 66
비에 젖는다 · 67
제3지대 · 68
깜박이다 · 69
말띠 · 70
봄날 오후 · 71
이불 · 72
동백꽃 · 73
새들 날아간 자리 · 74
관대한 신神 · 75
짜디짠 차茶 · 76
튄다 · 77
기계들 · 78
냉동 창고 · 79
아무것도 아닌 것들 · 80
쓸쓸한 저녁 · 81
내게도 아내가 있으면 · 82
여자도 · 83
절박 · 84

제4부 운명공동체

뺨을 치다 · 87
나팔꽃우체부 · 88
벚나무 아래서 · 89
영주 씨 · 90
쪽마늘 · 92
동치미 · 93
명자꽃 · 94
간다 · 95
몸속 유전자 · 96
홍경이 아저씨 · 97
작은어머니 · 98
감자꽃 · 99
느 외할매 · 100
소 · 102
깃발 · 104
돼지수육 · 105
운명공동체 · 106
꿈을 이루기 위해 · 107
아니리춘향가 · 108
물의 정신 · 109
구멍 · 110
분비물의 시詩 · 111

● 작품해설 |
'명령이라는 가시'와 응콘데 실존성 ― 정진경(시인·문학박사) · 113

● 시인의 말 · 135

제1부

슬픈 늑대

수족관 물고기

어디서 어떻게 당했는지 알 수 없다. 자신을 방어한 방어와 저돌적인 우럭이 사라지고, 최대한 낮춰 자신을 방어한 광어마저도 잔챙이 몇 마리 덤에 얹혀 사라졌다. 백주 대낮에 아아, 비명소리도 들리지 않았다.

빌딩 출입구에서 검회색 넥타이부대원들 우르르 쏟아져 나왔다. 투명한 유리 수족관 빌딩이 홀쭉해졌다. 샐러리맨들은 샐러드를 먹지 않는다. 부드럽고 살살 녹는 맛이란 거짓말이란 걸 일찌감치 눈치를 챈 부대원들 삼삼오오 설렁탕집, 삼계탕집, 횟집으로 들어가고, 집집마다 소주 몇 잔에 공연한 헛웃음소리 커졌다

그들이 그들의 수족관으로 사라지고 유리 수족관 탱탱해졌다. 살아남은 건지 남아 처진 건지 어리벙벙한 수족관 물고기들이 바라보고 있다.

매미

다 말하지 못하고 죽은 사람 억장이 무너져 죽은 사람
매미로 환생하여 여름숲으로 아파트숲으로 왔을 것이다
A$^+$의 성적으로 대학을 졸업하고 비정규직을 전전하며
경력을 쌓아도 세끼 밥벌이 하지를 못해
반 지하 단칸방에서 목을 맨 이 군도
상사의 성추행을 고발했다가 직장 잃고
뭇사람들의 눈총까지 맞아 숨줄 끊어버린 박양도
오지 않는 자식들 기다리다 캄캄한 방안에서
혼자 생을 마감한 김 노인도
뼛골까지 사무친 것 울음으로 퍼내려고
저렇게 매미로 돌아와 퍼질러 울고 있는 것이다
울어서 해결될 일이 아닌 줄 알면서
울음으로 풀 수 있는 문제가 아닌 줄 알면서도
우는 일 외에는 할 수 있는 일이 없어서
발악하듯 기를 쓰며 울어대고 있는 것이다
희망 없는 세상 어디 울음의 알이라도 낳으려고
눈물 없는 가슴마다 울음으로 적시려고
잎잎 갈피마다 숨어서
아파트 창틀에도 방충망에도 계단에도 붙어서
저렇게 간절하게 저렇게 몸부림치며 울고 있는 것이다

마이너스의 손

그가 만졌던 것들은 썰물처럼 빠져나갔다
생을 걸고 만졌던 사업도 지갑에 머물렀던 지폐도
강아지처럼 꼬리치며 충성을 맹세하던 후배도
모래성 이루던 벗들마저도
벚꽃잎 분분히 휘날리는 4월의 봄날처럼
눈 깜짝할 새 사라졌다
젊은 날 이불을 뒤집어쓰고 읽었던
체게바라의 서적은 어디서
분서갱유 되어 먼지로 반짝이는지
사랑밖에 난 몰라 노래 부르며
새끼손가락 걸었던
아내의 흰 손은
어느 노래방에서 탬버린을 찬찬 두드리는지
사랑을 서약했던 만년필마저 사라졌다
누가 그의 삶에 마이너스왕의 내력을 끼워놓았는지
누가 그의 삶을 주관하며 헛바람만 몰아오는지
무수히 만졌지만 모두 헛 만진 손
아파트관리비며 도시가스비며
전기세 미납고지서만 절실하게 날아든다

성우의 문학교과서

고등학교 2학년 성우의 문학교과서는 표지가 없다
속표지도 없다
책을 감쌀 겉장 없이 곧장 목차로 들어가는 행간 사이에는
또 다른 목차가 빼곡하게 씌어져 있다
아버지와의 불화로 어머니 집 떠나고
세상과의 불화로 아버지 이승을 떠난 후
맨몸으로 치러야 했을 생의 목록들
외상값 오만 오천 원 수정이 학원비 십 칠 만원
할머니 당뇨 약 이 만원 버스비 팔백 오십 원
연필로 쭉 그은 합계에는 얼룩진 라면국물과 눈물자국
시험공부를 해야 하고 숙제를 해야 하고
예습 복습을 해야 할 시간에
삶의 문제를 푸느라 골몰했을 성우
오늘 공부해야 할 전영택의 「화수분」과
조세희의 「난쟁이가 쏘아올린 작은 공」 사이에는
할머니의 오랜 기침 소리가 위태롭게 남아 있다

노숙자

그의 고향은 흑비둘기 구구 우는 가난한 산골이었다. 어메도 아베도 가난한 비둘기였다. 돈 벌어 성공하리라는 보랏빛 꿈을 안고 잡목 우거진 야산을 헤치고 들풀 휘감는 언덕을 넘어 낯선 도시로 왔다. 정비공장, 음식점, 건설현장을 전전하며 퇴근 시간도 없이 일했으나 돌아오는 것은 뺨을 때리는 바람과 짙은 어둠뿐이었다. 갈 곳은 없었다. 잠은 주로 공원이나 지하도에서 잤다. 잠이 들면 자꾸만 환청이 들렸다. 늬는 우리의 희망이여, 희망이여, 어머니의 목소리였다. 다시 한 번 잘 살아보리라 어금니를 깨물었다. 그러나 세상은 그에게 국물 한 모금 주지 않았다. 간절한 마음으로 교회당이나 절집에 찾아들기도 했으나, 사랑과 자비는 없었다. 주택가를 돌며 쓰레기통을 뒤졌다. 빵집에 들어가 몰래 빵을 훔치기도 했다. 날마다 여기저기 부지런히 두드렸으나 문은 끝내 열리지 않았다. 그러던 어느 밤 그는 사력을 다해 몸을 날렸다. 그리고 마침내 성공하였는가.

저기, 더 이상 내려 갈 수 없는 계단 아래, 그가 퍼질러 앉아 누가 먹다 남긴 음식을 배불리 콕콕 쪼아 먹고 있다.

죽음 권하는 사회

더는 갈 곳이 없다. 먼 곳을 찾아왔다고 하는 곳이 기껏 이곳. 공동묘지보다 더 죽음의 냄새로 가득 찬 도시, 허깨비만 인파로 밀려왔다 밀려가는 거리. 허깨비들이 만든 침묵의 벤치에 누워 추억을 떠올린다. 그러고 보니 난 처음부터 맨 땅에 드러누워 별을 숭배하는 족속이었다. 아슬아슬 혹한의 시간 위에 목숨을 올려놓고 저녁에서 새벽으로 건너가는 슬픈 곡예사였다. 그러나 과연 새벽은 언제 오는가. 돈 떨어지고, 벗 떨어지고, 가족 떨어지고, 해도 다 떨어져 휑한 바람 더 가멸차게 불어오는데, 늙은 어둠이 귓속말을 한다. 돈을 가진 만큼 환히 빛날 수 있는 사회에서 네게 올 새벽은 없어. 캄캄한 하늘에는 별마저 보이지 않는다. 펄럭거리는 신문지를 덮고 죽은 듯 누워도, 내 죽음을 위로하러 오는 방아깨비 한 마리 찌르레기 한 마리 없다

시발역始發驛

밤새 어둠 속을 달려온 열차가
벼랑 끝에 내몰린 짐승처럼
길게 한번 울부짖고
더운 숨 몰아쉬는 종착역
어두침침한 모퉁이
플라스틱 의자에 몸을 동그랗게
말고 앉아 시린 가슴팍에
숨결 불어넣고 있는 한 사내
그 아래 종이박스를 뜯어 펴고
새우처럼 잠든 또 다른 사내들
희망 없는 조간신문 덮고 앉아
눈 마주치면서도
서로 다음 역을 묻지 않는 이곳을
그들은 시발역始發驛이라 한다

택시기사 K씨

  사상터미널에서 체크무늬 보따리가 탄다 하단에서 보따리가 내린다 고물 쇳덩이가 타고 서면부속골목에서 쇳덩이가 내리고 중고 컴퓨터가 노포터미널에 컴퓨터가 내리고 사람보다 보퉁이가 타고 사투리가 탄다 해운대에 사투리보퉁이가 내리고 넥타이가 탄다 부산역에 넥타이가 내리고 하이힐이 탄다 광안대교를 건너며 갈매기들이 급정거를 외쳤지만 못 들은 척 속력을 다해 달린다 OK 이거면 사납금을 내고도 몇 푼 쥐겠구나 핸들을 꺾는 K 옆자리 따가운 햇살이 탄다 K가 탄다 새까맣게 탄다 눈을 뜬다 차는 아직 사상터미널 앞 줄줄이 대기 중이다

그의 실업은 사소한 것이었다

그의 실업은 사소한 것이었고
수작처럼 걸려오던 전화는 불통이었다
창밖 매미들이 악다구니를 치는 동안
TV드라마는 계속되고 있었다
끝없이 헤엄쳐 가고 싶던 갈매섬은
고래처럼 헤엄쳐 갈 바다는
드라마 속에만 있었다
자신의 몫이라고 믿었던 새벽 거리는
출입금지지역이었다
어제는 바람도 그를 상대해주지 않았다
프레스에 잘린 손가락은 봉합수술을 받았지만
잘려버린 꿈은 결코 이어지지 않았다
저녁은 언제나 두서없이 찾아왔고
시간은 그와 무관하게 흘러갔다
그의 비명이 밤하늘을 붉게 물들여도
문턱을 넘어오는 인기척 하나 없었다
그의 실업은 아주 사소한 것이었다

아수라장

갈수록 사람 드물어지고 사람이라는 이름을 가진 동물들만 늘어간다. 호랑이 사자 하이에나 삵 같은 사람 동물들이 넘쳐난다. 법과 윤리는 사라지고, 동물들이 잘 살며 권력을 가질 수 있다고 수단방법 가리지 않고 보여준다. 나는 사람인가 사람이라는 이름을 가진 동물인가. 밤거리를 걸으면 맹수의 눈알처럼 번뜩이는 전광판, 질긴 생의 창자들을 완강히 물고 놓아주지 않는 네온사인, 골목마다 맹수들이 포식하고 구역질하는 소리, 바글거리며 벌레들 몰려드는 소리, 먹잇감 놓친 창백한 얼굴 몇은 지나가는 개에게 절을 하고, 그 사이로 쥐새끼들 빠르게 지나가고

눈물

어떤 말이 저렇게 먹먹함을 오롯이 전달하겠는가
어떤 말이 마음속 가장 깊은 저수貯水의 물꼬를 무너뜨리고
칠정七情의 경계마저 지워버리게 하겠는가
먼지 풀썩이는 내 영혼을 흐렁흐렁 적시겠는가
눈물이 어디 사람에게만 있겠는가
비 내리는 오후 택배기사가 누르는 초인종 소리에도
어느 노인이 끌고 가는 수레 속 비 맞은 폐지 속에도
비에 젖는 이름이 안타까워
밤새 불 밝히는 가로등의 눈에도
눈물은 깃들어 있는 것이다
왜 아니겠는가, 불쑥 솟구치며 흐르는 눈물은
극으로 치닫는 마음을 돌아앉게도 하고
가던 걸음을 멈추어 세우기도 한다
가슴을 쥐어짠 즙 같은 그 눈물에
거친 풀을 뜯어먹고 되새김질하던 소가
개의 등을 핥기도 하고
울음을 부리에 물고 날개 퍼덕이던 새가
풀벌레소리에 귀 기울이기도 한다
가만히 열어보면 숱한 감정이 덩어리져 있는 눈물
방울방울 떨어져 파문을 일으키는 눈물의 말
어떤 말이 저렇게 쏟아지며 강물처럼 수 천리 흘러가겠는가
어떤 말이 메마른 가슴을 저보다 축축하게 적시겠는가

로드 킬

도로 위에 개 한 마리 짓이겨져 있다. 뼈가 바스러지고 내장이 뭉개진 채 쓰러져 누운 개, 질주하는 차와 차바퀴가 그를 치고 지나갔을 때, 그의 혼은 몸을 떠나 짓이겨지는 육신을 바라보았을 것이다. 터지면서 날아, 다시 바닥에 굴러 떨어지는 육신을 보며 혼절하였을 것이다. 제발, 이제는 제발, 연이어 달려오는 차를 향해 울며 애원하기도 하였을 것이다. 그러다 혼자 킬킬 웃기도 했을 것이다. 길 하나 건너려다 무참히 으깨진 자신을 보며 한없이 서글펐을 것이다. 터진 배를 펼쳐놓고 머리는 끝내 길 저편을 향하고 있는, 반쯤 뜬 그의 눈에 흰보랏빛 꽃 수국 한 송이 담겨 있다.

슬픈 늑대

우리는 본디 늑대였다
개 같은 세월 살아내기 위해
비루먹은 개처럼
깨갱 엎드려 지내지만
푸른 눈빛은 속일 수 없는 우린 늑대다
어둠의 목덜미를 거칠게 물어뜯는
저 푸른 별처럼
짙은 어둠의 단단한 목덜미를
한번쯤 물어뜯어야 할 야생늑대
개 같은 세상 개로 길들여져
순한 듯 눈 끔벅이며 살지만
털갈이 때가 되어 온몸이 근질거리면
본성이 살아나 우우 달 쳐다보며 우는
아직도 어둠만 보면
어금니가 자꾸 근질거리는 늑대다

제 밥그릇을 빼앗으려면 미친 듯이
으르렁거리는 개들 속에서
야성이 살아나면 온몸으로 으르렁거리는
으르렁거리기만 하는 슬픈 늑대

괜찮을까

괜찮을까 공중화장실 변기 속에
종량제 쓰레기봉투 속에
오물처럼 버려진 아이들 앞에서
오직 내 자식만 잘 살기를
행복하기를 기도해도
괜찮은 걸까
엄마아빠와 깔깔거리는
또래 아이들 뒤에서
아득히 뒷걸음질 치는 아이
손때 꼬질꼬질한 전단뭉치와
껌이 든 가방을
가슴께에 바투 메고
밤늦은 지하철 출입문 앞
손잡이를 부여잡고 꾸벅꾸벅 졸고 있는
아이 앞에서 내 자식만 평온하고
무사하기를 바라도 괜찮은 걸까
깜박이며 파르르 떠는 지하도 불빛은
무슨 생각을 하고 있을까

길고 지루한 뉴스

 무슨 뉴스가 이렇게도 긴가, 살인, 강도, 강간, 방화, 폭행, 추행, 외도, 저 숱한 사건 사고들, 저 개판인 정치판, 콩가루 나라, 콩가루 집안이 보이는 우울한 뉴스, 가만히 들어보면 이 뉴스는 어제 그 뉴스, 어제 뉴스는 일주일 전 뉴스, 일주일 전 뉴스는 작년 뉴스, 작년 뉴스는 삼년 전 뉴스, 리모컨을 들고 다시 TV채널을 돌려도 난장판정치, 외도, 추행, 폭행, 방화, 강간, 강도, 살인을 전하는 뉴스, 이상하다 내가 꿈을 꾸고 있는 것일까, 버튼을 눌러도 꺼지지 않고 꼬집어도 감각이 없는 뉴스, 도대체 새벽은 언제 오려는 걸까

몸말

네 혀끝이 굴려 내는 수만 마디의 말보다
네 손끝이 쓰는 수만 문장의 글보다
정직하고 진실한 말은 몸말이다
보고 싶고 어쩌고 그런 말 말고
그립고 자시고 쓸 것도 없이
몸으로 온몸으로 밀고 들어가는 말
삶도 사랑도 그런 것이다
제 몸을 나무에 밀어 넣는 덩굴가시처럼
제 몸에 덩굴가시를 찔러 넣는 나무처럼
자신의 전부를 들이밀며
떨고 있는 너를 꼭 껴안는 것이다
설령 그것이 뜨거운 흉터로 남을지라도
서로의 몸에 깊숙이 이를 박고
말없이 글 없이 온몸으로 전하는
그보다 정직한 말이 또 있겠는가

생존방식

수천의 잎을 떨구고 나무는 말없이 살아간다
수천의 목숨을 빼앗기고 우리도 말없이 살아간다
잎 떨군 나무는 가지 뻗어 사방을 찌르지만
목숨 빼앗긴 우리는 팔 구부려 제 몸 감싸기에 바쁘다

사후死後

　삼일이면 모든 게 끝이 날 것이다. 내 부고訃告를 듣고 달려온 사람들, 찰나처럼 찔끔 눈물 흘리기도 하겠지만, 돌아서 멀쩡한 얼굴로 웃으며 밥을 먹을 것이다. 삼일 동안 나는 술에 절어 있을 것이다. 내 영전靈前에 따르는, 내가 아는 혹은 모르는 문상객들의 술잔을 받으며 못 다한 말 취해서 횡설수설 할 것이다. 사람들은 내 말을 알아듣지 못할 것이다. 그러는 동안 내 몸은 썩어 악취를 풍기고, 누군가에 의해 치워질 것이다. 자리를 지켰던 가족들도 손 탁탁 털고 돌아설 것이다. 살아갈 걱정을 하며 아침을 차리고 설거지를 하고 쓰레기분리수거를 할 것이다. 내 옷도 이 시집詩集도 쓰레기와 함께 버려질 것이다. 삼일이면 모든 게 끝이 날 것이다. 언제일지 알 수 없는 사후死後

바닥의 힘

 요즘은 바닥이 좋다. 팔을, 다리를, 머리를, 뼈마디를, 내려놓을 수 있는 것 다 내려놓고, 바닥에 누워 책을 읽고 있으면, 바닥에 누워 바람소릴 듣고 있으면, 내가 점점 바닥이 되어가는 것 같다. 친구는 내 게으름이 이제는 수위를 넘었다고 혀를 찼지만, 생각해보면 바닥이 되어 보는 일만큼 의미 있는 일이 또 있을까. 내내 흔들려야 했던 내 생이 지금껏 이렇게 버텨왔던 것도, 절망과 좌절을 딛고 다시 일어날 수 있었던 것도, 바닥이 있었기 때문 아닌가. 세상의 모든 흔들리는 것들, 무너져 내리는 것들을 위해 가장 낮은 곳에서 세상을 소리 없이 받치고 있는, 바닥의 힘을 전수받기 위해 나는 오늘도 바닥에서 뒹군다.

비 내리는 아침

시내버스 안에서 도서관에서
떠오르는 아침햇살과
지는 노을 바라보며
보이지 않는 벽에 대고
허공에 대고
몇 장이나 이력서를 썼을까
세상은 넓고 할 일은 많다는데
아무리 찾아도
일자리는 보이지 않고
벽에 대고 허공에 대고 쓴
수많은 이력서들이
빗발 되어 내리는 아침
갈 곳 없는 청춘들
생잎처럼 떨어져 휘휘 날리고

평화로운 오후

맞은 편 길에 승용차 한 대가 푹 찌그러져 있었다
조금 전 사고가 난 차량이었다
119구급대원이 달려오고 경찰차가 달려오고
견인차가 달려오는가 싶더니
눈 깜박할 사이 온 데 간 데 없이 사라졌다
모두들 아무 일 없었다는 듯 시치미를 떼고 있었다
상가에서 '어머나 어머나' 노래가 흘러나오고 있었다

아, 참 평화로운 오후였다

향기의 근원지

어디서 나는 것일까
피 냄새 섞여있는 가래와
귓구멍에서 흘러나온 진물
농해빠진 콧물이 뒤범벅 된
부패의 향기
봄은 멀쩡해 보이는데
꽃나무 가지마다
꽃은 송이송이 벙글고
벌 나비 붕붕 날며
새들 노랫소리 들려오는데
도대체 어디서 나는 것일까
어디를 눌러도 고름이 나고
간 쓸개 모두 썩어버린
이 오묘한 냄새
어디에서 오느냐고 물어도
누구 하나
제대로 방향을 가리키지 못하는

# 제2부
가을모퉁이

쑥

　아파트 화단 잔디 사이로 낯익은 얼굴들 고개 쑥 내밀고 있네. 나와 손 맞잡고 산으로 들로 쑥 캐러 다녔던 어릴 적 동무들, 정숙이 말숙이 고 가시내들은 뭉툭한 나무 손잡이에 달린 작은 칼로 밭두둑에 자란 쑥을 쑥쑥 잘도 베었지. 밑동이 잘리거나 뿌리가 뽑힐 때마다 쌉싸름한 봄내음을 풍기던 쑥, 네 바구니가 더 가득하니, 내 바구니가 더 가득하니 입씨름을 하면서, 칼끝에 벤 상처를 쑥으로 처매주기도 하였는데, 그 핏물 밴 쑥들 씹고 삼키고 우물거리면서 우리 함께 쑥쑥 성장해왔는데, 삼십여 년 세월이 흐른 지금 모두 어디로 뿌리를 내리고 있는지, 그 마음의 안부는 어떤지 손 맞잡고 천천히 걸으며 이야기하고 싶은데, 야, 좀 나와라, 좀 나와 보라니까, 몸통을 잡고 흔들어도 잎 끝만 똑똑 끊어내고는 발을 쏙 빼는 조 가시내들

오카리나 소리

흙으로 만든 악기가 있다고 한다
사람이 죽으면 돌아가는
그 흙으로 만든다는 악기
그리우면 그립다고 부는 오카리나
지는 노을빛 더 붉게 물들이는
오카리나 소리
해가 져도 돌아가지 못하는
짐승들을 울게 하는 저 소리
어디서 누가 불고 있나
아직도 세상 주변을 헤매는
나를 부르는 듯
흙으로 돌아간 누가 흙이었던
나를 부르는 듯 슬픔을 누르며
아련히 들려오는 저 소리

그들의 사랑

외로운 꽃이 가지를 떠나 작은 연못으로 몸을 던졌다
달도 별도 새도 산도 깊이 잠든 어느 밤이었다
떨어진 꽃이 연못의 질 속으로
제 몸을 더 깊이 찔러 넣는지 연못가 물풀들
거웃처럼 흔들리며 흐흑 흐흑 우는 소리를 내었다
아무도 보지는 못했지만
밤 내 저들은 뜨거운 사랑을 나누었던 것이 틀림없다
그렇지 않고서야 아침 수면에
저토록 선명한 선혈의 흔적 남아 있을 리 없다
수련水蓮이 그냥 피어났을 리 없다

가을모퉁이

　가을 햇살 쩔렁거리며 쏟아지는 오후, 공원슈퍼 자판기 옆에 놀러 나온 푸들 두 마리, 꼬리를 치며 사랑을 나누고 있다. 이제 막 강아지 티를 벗은 조그만 얼굴에 새까만 머루 같은 두 눈을 반짝거리며 서로의 목덜미를 핥아주기도 하고 북슬북슬한 엉덩이에 코를 쿵쿵 들이밀며 냄새를 맡는가 싶더니 어느 순간 짝짓기를 시도하는 녀석들, 아, 젊은 날 우리도 저랬을까, 누가 보거나 말거나 안중에 없다는 듯 저렇듯 발칙하게 저렇듯 열렬하게 사랑을 나눈 적 있을까, 동전 한 닢 자판기에 넣으면 좌르르 눈물 쏟아질 것 같은 가을모퉁이, 내 사랑도 한때 물이 들었던가. 아니 물이 올랐던가.

엎질러야 산다

엎지른 물은 다시 제자리에 담을 수 없다고
어머니는 항상 조심하라고 당부하셨지만
조심성 없는 나는 늘 엎지르며 산다
식탁 위에 이불 위에 방바닥에
물을 엎지르고서야 놀라
황급히 걸레를 찾고
손닿지 않는 곳으로 흘러간 물을 황망히 바라본다
그러나 엎지르지 않고
이루어지는 일이 세상에 얼마나 될까
따지고 보면
남편도 아이도 시詩도 내가 엎질러 놓은 물
물그릇을 엎지른 나도
어머니가 세상에 엎질러놓은 물 아닌가
엎질러야 산다 엎질러 놓고 후회할지라도
엎질러야 물 얼룩이라도 남긴다
세상을 온통 물들이는 저 꽃도 잎도 노을도
실은 신이 이 세상에 엎질러 놓은 눈물이다

꽃상여

너울너울 길 떠나는 꽃상여를 보았습니다.

상춧잎처럼 파릇한 아이들이 타고 가는 꽃상여, 꽃길 따라 갑니다. 꼭두새벽부터 버스 끊긴 한밤중까지 교실에 갇혀 있던, 피어나 보지도 못한 생들이, 꽃상여에 누워 북망산 갑니다. 엄마아빠 사랑해, 문자메시지 보낼 겨를도, 친구들아 안녕, 마지막 인사할 겨를도 없이, 영문도 모르고 스러진 어린 영혼들이 종이꽃처럼 나부끼고 있습니다. 지금 남산엔 진달래 붉고 뻐꾸기 운다는데, 어린 새 날갯짓소리 고물고물 잎을 흔들어댄다는데, 선소리 앞 세워 너울너울 마지막 이승을 건너고 있습니다. 이기심 가득한 어른들과 국, 수, 사, 과 배워도 헛똑똑이뿐인 세상을 떠나, 입시에 충혈 되었던 붉은 눈을 감고, 말 문 막히고 억장 무너진 부모 곁을 스쳐갑니다. 내가 먼저 타야할 저 꽃상여, 아이들을 태우고 유등같이 흘러갑니다.

그래도 봄 한없이 평화롭습니다.

새 울음

세상의 새들 새벽 숲에 다 모였다
밤새 이름 하나 이승을 떠났다고
저기 모여 조문을 가겠다고
가지 끝에 앉아
온몸 끄덕거리며
새벽을 깨우는 새들
내 창가에 안개처럼 몰려와
이슬처럼 방울방울
떨어지는 새들 울음
훌쩍거리며 어디로들 가는지
어디로 따라오라는지
눈물비린내 자욱하게 흘리며
휘루루 떠나는

새 울음이 일으킨 파문으로 내 가슴
종일 일파만파다

양산천 梁山川

어느 한 골짜기의 물만 흐르지 않는다
이골 저골 물이 합수合水되어 흐른다

맑고 깨끗한 물만 모여 흐르는 것이 아니라
온갖 더러운 물까지 다 섞여 흐르기에
양산천은
때 묻지 않는다

황톳물

계곡 황톳물 바다로 뛰어들고 있었다
맑고 푸른 바다 누렇게 흐리려는 듯
침범하여 제 것으로 점령하려는 듯
꽤 넓은 바다를 순식간에
누렇게 물들이고 있었다
그러나 어디쯤에서 한발도
나아가지 못하고 몸부림치는 황톳물
자세히 보니 파도에
매 맞고 있는 중이었다
깨끗한 마음 가벼운 걸음으로
산골짝을 나섰을
처음의 그 맑은 심성 잃어서는 안 된다고
본래의 제 모습 잃어서는 안 된다고
후려치는 파도에 매 맞으며
제 모습 제 마음 찾고 있는 중이었다

앞만 향해 달리다 불현듯
넋 놓고 바라보는,

변두리

나를 떠나간 것들은, 나를 만들어주고
나로부터 멀어져 간 것들은 모두 변두리다
마당에 소리 없이 찾아들던 초여름
굴뚝위로 피어오르던 밥 짓는 연기도
영, 숙, 경, 자, 어릴 적 동무 이름도
변두리였다
입센, 에리히 프롬, 니체, 체게바라도
내 가슴 안쪽에서 추억으로
흘러간 너도
내 젊은 날을 만들어주고 간 변두리였다
초저녁하늘 개밥바라기별처럼
반짝이다 간 이름이었다 변두리였다

어머니 아버지도 나도 변두리였다
시시각각 변해가는 삶
나도 나로부터 너가 되어 가는 과정에서
지금—여기에 나를 데려다 놓고, 떠나간
그 모든 것들을 나는 변두리라고 명명하는 것이다

풀의 포스

보도블록 틈사이 시멘트 계단 틈서리
돋아난 풀
경작을 벗어난 당당한 풀의 포스
세태처럼 질주하는 차바퀴에 으깨지고
발길에 짓밟히면서
난장주리 트는 비바람 아랑곳없이
잎잎 새파랗게 날 세우는 풀
세상의 불의 앞에 무릎 꿇지 말라고
결코 지지 말라고
3.1운동 만세 함성보다
동학민중봉기 죽창보다 더 푸르게
웃자란 풀의 포스
삼동 죽은 듯 엎드렸다 여지없이 일어서는
실뿌리까지 얼기설기 맞잡은 공공의 힘으로
와와 소리치는
뽑아도 돌아서면 일어나는 저들의 생리
생각하지 말자 머리를 흔들어도
끊임없이 일어나는 내 안에 무성한 생각의 잡초

유유流流

 살아있는 것은 흐릅니다. 흐르며 시시각각 몸을 바꿉니다. 어제 바라본 풍경과 오늘 바라본 풍경은 다릅니다. 오늘은 어제와 잠시 합류하였다가 어제를 밀어젖히고 미끄러져 나온 또 다른 물살, 생이란 그 물살이 주름져 흐르는 강물 같은 것. 우리의 육체는 그 수많은 물주름을 안고 흐르는 육체여서 어제보다 한 주름씩 더 늘어 가는 것입니다. 처음으로 돌아가는 길은 없습니다. 생은 언제나 미지의 세계를 향해 흘러갈 뿐, 되돌아가는 길은 어디에도 없습니다. 살아있는 사랑도 흐릅니다. 내가 당신을 부르며 당신을 떠올릴 때, 당신은 이미 과거의 당신일 뿐 현재의 당신이 아닙니다. 당, 신을 부르는 내 목소리도 결코 같은 소리가 아니며, 사랑한다는 글자 아래 죽 긋는 밑줄도 직선이라 말할 수 없습니다. 사랑은 그렇게 움직이는 것이기에 눈물도 흘리고 어성초 같은 그리움도 키우는 것입니다. 살아있는 사람은 죽은 사랑을 원하지 않습니다. 나도 조금 전엔 숨을 들이쉬었고, 지금은 막 내뱉기를 시작하는 중입니다. 살아있는 내가 어찌 죽은 사랑, 변치 않는 사랑을 하겠습니까. 내가 어떻게 사랑만큼 당신을 사랑하겠습니까.

광고
— 보험

 사는 일 두렵고 불안하신가? 노예라도 좋으니 제발 안정되게 살고 싶으신가? 그렇다면 시키는 대로 전화하시라. 000-000-0000, 그대의 죽은 영혼과 웃음 없는 행복과 고요한 자유까지도 모두 보장해주는 랄랄라 보험. 사는 일 불안할수록 나이가 들수록 절실해지는, 아무것도 묻지도 않고 따지지도 않아 문제없이 가입할 수 있는 보험, 000-000-0000, 더 늦기 전에 지금 전화하시라. 월 만원이면 사망보험금 천만 원과 함께 가족들의 불화까지도 보장해 주는, 인상 없이 갱신 없이 죽은 후 100% 돌려주는 랄랄라 보험, 묻거나 따지거나하는 동안 매진될 수 있으니, 늦기 전에 지금 당장 전화하시라. 000-000-0000, 남은 시간 확인은 필수, 타임 찬스는 1분 30초, 묻지도 따지지도 말고 000-000-0000,
 서두르시라, 졸라

접속시대

세상의 모든 출입구는 접속에 있다. 왼손으로 커피를 마시고 오른 손으로 클릭하면 열리는 창, 오늘도 나는 모니터 창 안으로 들어간다. 모니터 안에 풍경이 있고 모니터 안에 길이 있고 모니터 안에 내가 있다. 나를 스쳐가는 햇살도 내 머리카락을 흩트리는 바람도 모니터 안에 있다. 모니터 안에서 쇼핑을 하고 책을 읽고 산책을 하고 새울음소리 듣는다. 집 밖에서 떠돌던 모든 소식도 모니터 안에 있다. 감감무소식이던 사랑도 메말랐던 눈물도 네 소식도 모니터 안에 있다. 클릭을 한번 하면 꽃이 피고, 클릭을 한번 하면 낙엽이 지고, 또 한 번 클릭하면 창이 꺼진다. 풍경이 꺼지고 내 하루도 꺼지고 사랑도 눈물도 감쪽같이 꺼진다. 너도 나도 줄줄이 꺼진다. 시스템 종료 한번이면 사그리 사라진다. 접속과 접속 사이에 길이 있고, 접속과 접속 사이에 접촉이 있는 지금은 바야흐로 접속시대

뿌리의 힘

나뭇잎이 파르르 떤다 사람들은 그것이
바람의 짓이라고 수군거리지만
실은 뿌리의 움직임 때문이다
막힌 땅을 필사적으로 뚫어나가려는 뿌리
그 뜨거운 의지가
잎을 파르르 떨게 하는 것이다

꽃망울이 떨며 피는 것도
바로 그 때문이다
뿌리가 움직일 때마다 뿌리처럼 뜨거워지는
한번 켜 보고자 하는
그 잉걸불 같은 심지가
꽃등 저렇게 환히 밝히게 하는 것이다

저녁들

저기 저녁들 오시네 싱싱했던 젊음
자식으로 쑥쑥 낳고 껍데기만 남은 저녁들
이리저리 흩어져 오시네
어떤 저녁은 먼 데 산허리를 바라보고
어떤 저녁은 정붙이듯 옥신각신 싸우고
어떤 저녁은 비에 젖어 새파랗게 질려서
앞서거니 뒤서거니 오시네
때로는 베개에 얼굴 묻고 말없이 울고
때로는 수면제 한 알로 그리움 잠재우고
때로는 좋아하는 막걸리 앞에 놓고 화무십일홍
화무십일홍 노래를 부르면서
아무도 기다리지 않는 저녁 속으로
뿌옇게 쌀뜨물을 흘리며 참죽나무 가지 사이로
늙은 느티나무 사이로 저기 저녁들 오시네

악착

아무리 생각해도 악착같다
삐걱거리는 리어카에 물먹은 폐지
그득 싣고 굽은 비탈길
이 앙물고 오르는 저 노인
죽죽 내리는 비에
뺨을 맞아가면서
미끄러져 가면서
숨이 꺽꺽 넘어가면서도
리어카 손잡이에
배를 바짝 붙이고
굽은 허리 더 굽히며
가파른 길 바득바득 오르는
자식 입에 밥술 떠 넣어주시려 가는
저 어머니의 길

본다

 차들 질주하는 길 한가운데로 공을 주우러 뛰어드는 한 아이를 본다. 그 옆으로 리어카에 폐지 싣고 길을 역주행 하는 노인을 본다. 프레스에 손가락이 잘린 아비와 상처 위에 소주를 들이붓는 어미, 가출한 여동생과 제 팔뚝에 면도칼을 긋는 오라비의 삶도 본다. 중심에 진입하려다 망가진 폐차도, 기울어 가는 판잣집도 무전유죄로 수배 중인 지명수배자들의 벽보도 보았다. 생수통을 걸머지고 계단을 오르내리는 마흔과 입사원서를 들고 추운 거리를 헤매는 서른은 정면에서 마주친다. 찢어진 낙엽과 쓰러진 낫달과 급수에 들지 못해 들썩거리는 물의 어깨도 본다. 너도 보고, 나도 본다. 그냥 볼 뿐이다. 보이지 않는 것은 모른다. '가슴 아프다'라는 말도 우리는 활자를 통해 보고만 있다.

날마다 소리 없이

날마다 소리 없는 총성이 울리고
날마다 소리 없이 누군가 찍혀나가고
날마다 소리 없이 누군가 살해되고
날마다 소리 없이 누군가 국경선을 넘고
날마다 소리 없이 피비린내 구린내
살타는 내 썩은 내 진동하는 세상

어두운 하늘 저편에서 누가 창을 빼꼼 열며 묻는다
전장보다 잔혹한 이 세계에서
아직도 시가 씌어지는 이상하고도 놀라운 이유를

베낀다

　스피노자를 베낀다. 니체를 베낀다. 그들의 힘과 의지를 베낀다. 어쩌자는 것은 아니다. 어쩌려는 힘도 의지도 없다. 식수의 글쓰기를 베끼지만, 마땅한 문장 하나 떠오르지 않고, 엘리엇의 황무지를 베껴도 그가 본 황무지와 그 가을은 느낄 수 없다. 그의 발끝에 떨어져 날리던 나뭇잎이 플라타너스 잎인지 단풍나무 잎인지, 그의 잔을 채웠던 것이 울음이었는지 붉은 피였는지도 모른다. 마르크스를 베끼고, 자본주의와 혁명을 베끼고, 무엇을 할 것인가를 베끼지만, 진실로 할 수 있는 것은 무엇인가. 입사원서를 든 아이들은 여전히 추운 거리를 헤매고, 퇴근해 오던 남편은 맨주먹으로 벽을 탕탕 치는데, 우물쭈물하다가 내 이럴 줄 알았다는 버나드 쇼의 묘비명이나 베끼면서 나는,

이사

누가 또 이사를 가나보다. 1701호에서 1702호 사이, 1601호에서 1602호 사이, 아파트 복도 바닥을 스윽스윽 밀면서 이삿짐 상자 끄는 소리, 문을 두드리듯 쿵쿵 부딪치면서 바닥과 마찰하는 저 소리, 그러나 아무도 내다보지 않는다. 누가 떠나거나 말거나 방안에 앉아 TV리모컨을 누르거나, 짠지에 라면을 후루룩거리고 있을 것이다. 위층에서 내리는 마지막 물소리, 쿵쿵 발 딛는 소리, 불 끄는 소리 들려도, 푹신한 소파에 앉아 뉴스를 보다가 코를 골며 잠이 들 것이다.

내가 떠날 때도 그럴 것이다. 1103호에서 1104호 사이, 1003호에서 1004호 사이, 짐 상자 스윽스윽 바닥을 쓸며가도 머리를 부딪듯 쿵쿵 부딪쳐도 누구 하나 내다보지 않을 것이다. 내 머물렀던 흔적 바람이 와서 조용히 수거해 갈 것이다

제3부

비에 젖는다

당신

 물인가, 당신, 실체는 있으나 형태가 없는 당신, 비릿한 당신, 모양 없고 잡을 수도 없는 상想인가, 형태를 결정하지 못하고 망설이는 흙인가, 손 뻗으면 한없이 다가오나 안으려면 안을 수 없는, 빛처럼 환하고 불처럼 뜨거운 당신, 때로는 눈비 되어 젖게 하고, 때로는 종소리로 울리는, 해, 달, 잎, 꽃, 강, 끼, 꼴, 끈, 꿈, 깡처럼 한 글자로 오는 당신, 외로운 당신, 킥킥거리며 누가 부르던 당신, 남인지 님인지 나인지 너인지 헷갈리는

 내가 만들어 내가 가지는, 반 너머 허구인 당신

쐐기문자

춥다,
밀물 사이로 들려오는 네가 멀다는 소식

맨 발로 집 밖으로 쫓겨난 아이의 저녁처럼
온몸이 떨려온다

너와 나의 거리는
몇 만 리 나 될까

그리워 온몸 으깨는
파도의 울음소리는 몇 데시벨이 될까

좁힐 수 없는 거리의 그리운 말은
어딘가에 새겨야 한다

밤이 깊다
그리움의 날을 단단하게 세우고

온몸
보고 싶단 말 뜨겁게 새겨야겠다

사이사이

　감자꽃 피고, 뻐꾸기 울고, 수수꽃다리 시들고, 사이사이, 바람이 불고, 한차례 소나기 지나가고, 별과 별 사이, 너와 나 사이 가을 오고, 찬 서리 내리고, 진눈깨비 섞어 치고, 나는 그리움이나 간지처럼 끼워 넣고, 사이사이, 갔던 기차가 돌아오고, 갔던 구름이 돌아오고, 눈물콧물 흘리며 돌아오고, 네 소식 오지 않고, 너와 나 사이 더욱 아득해지고, 섬과 섬 사이, 잎과 잎 사이, 하늘과 땅 사이, 떠돌던 바람은 어떤 예감마저 수거해 가고, 나는 스패너나 십자드라이버도 없어, 나와 너의 거리를 조일 그 무엇 하나 없어, 쪼그려 앉아 그리던 물 그림이나 그리고

이런 날도 있다

혼자 앉아 라면을 끓여먹는데 명치끝이 쌔애하다 이틀째 비 내리고 친구들은 전화 한 통이 없다 야, 너 아직도 자고 있지? 대뜸 시비조로 킥킥대던 소리마저 끊어졌다 그저 그러려니 첫 젓가락질을 하는데 얼굴로 확 끼쳐오는 수증기의 자잘한 물방울이, 물방울 같은 눈물이 덜렁 떨어진다 내 달아오른 날을 위해 그늘이 되어주던 친구는 여름비같이 생생한 그 이름들은 어디에 빗방울같이 떨어져 적시며 사라지고 있나 거기 누구 없니? 인기척 죽이고 있는 것 다 안다 알아 불어터진 면발처럼 퉁퉁 부은 소리로 불러보지만 그렁그렁 붙여오는 말소리 들리지 않는다 마음의 문도 따 두었는데 기다리는 것은 오지 않고 찬비 후둑후둑 뿌려지는 한겨울 오후 라면냄비 앞에 쪼그려 앉아 그러려니 사는 게 그러려니 혼자 쓸쓸히 중얼거리기도 하는,

비에 젖는다

비에 젖는다
거리를 오가는 사람들의 옷깃이
깜박이는 붉고 푸른 신호등이
어둠 속에 빛나는 전광판이
전광판 속에 활짝 핀 꽃들이
나무와 의자들이 벽창호
아파트 창틀들이 한 줄 비에 젖는다
내 아들도 젖는다
늦은 밤 학교에서 돌아오는 어깨가
걸머진 가방이 가방 속의 책이
아들이 읽은 이청준의 잔인한 도시와
김승옥의 서울, 1964 겨울이야기가 젖는다
젖어서 춥다
나도 춥다
젖은 몸 말려줄 모닥불도
세상 속으로 삐죽 내민 처마도
단단한 살을 가진 넓은 우산도
아니고 아니어서 더욱 춥다

제3지대

유독 비바람 거세게 몰아치는 지대였다. 바람에 생잎이 떨려 나고, 떨려난 생잎 속에 또 떨려난 생잎이 섞여들었다. 비속에 비가 내렸다. 비에 젖는 꽃잎 속에 또 비에 젖는 꽃잎이, 피는 절망 속에 또 피는 절망이 있었다. 버려진 것들 속에 또 버려진 것들이, 무너져 내리는 것들 속에 또 무너져 내리는 것들이 살고 있었다. 눈물 속에 또 눈물이, 어둠 속에 또 어둠이 박혀 파르르 떨고 있었다. 미끄러운 길 끝에 또 미끄러운 길 이어지고, 비명 끝에 또 비명이 들려오는 대책 없는 지대였다. 허무 속에 허무가 있고, 가라는 말 속에 또 가라는 말이 있어, 갈 곳 없는 청춘이 또 갈 곳 없는 청춘을 바라보고 있었다. 갈 데 없어 갈 곳이 많고 대책 없어 대책이 많은 비바람 우우 몰려다니고 있었다.

깜박이다

　가끔 혹은 자주 깜박거린다 오래된 형광등처럼 깜박이다 환해지는 기억이란 컸다 끄는 스위치, 인지한 순간까지 깜박이다 더듬어 찾는 또 다른 스위치가 어디 있지 묻는 나와 착하게 대답하는 나 스위치와 스위치 사이에 있는 나

　꽃 지는 소리 잎 지는 소리 바람소리 창을 두드리는 소리 문자메시지 문장과 문장 사이 부호와 부호 사이 건너뛰는 행간과 행간 사이 그 틈 사이에 끼어 깜박이는 나

　어머니가 돌아가셨을 땐 슬픔 때문에 죽어버릴 것 같다며 울면서도 밥을 먹었고 아버지가 돌아가셨을 땐 세상이 끝난 것 같다는 절망에도 밥을 먹었고 나이를 먹었다 말아먹고 비벼 먹고 볶아먹고 구워먹고 나는 나를 너무 많이 먹어버렸다

말띠

　나는 말띠다 푸른 갈퀴 나부끼며 하늘을 나는 천마 띠도 아니고 지축을 울리며 초원을 달리는 백마 띠도 아닌 히힝 거리며 집안이나 걸어 다니는 말띠다 나폴레옹은 말을 타고 세계를 제패하고 잔다르크는 말을 타고 한 나라를 구원했다 하는데 세계도 나랏일도 모르는 나는 집안에 틀어 박혀 사랑이나 쓰고 있다 내가 사랑을 쓴다하여 어느 누가 눈 여겨 볼까마는 사랑을 쓴다하여 없는 사랑이 올까마는 끝없이 썼다 지우고 지웠다간 다시 쓴다 어디나 마음 문 닫고 사는 삭막한 세상 사랑보다 따스한 말은 없어서 사랑보다 절실한 말은 없어서 눈발 섞어 치는 세상으로 잘못 달려온 말처럼 추운 마음으로 아리디 아린 가슴으로 눈물 같은 그 말 온몸으로 새기고 있다

봄날 오후

짠지에 물 말아 먹고 나온 햇살이
비스듬히 기우는 봄날 오후
범어주공2단지 입구에
봄나물 팔러 나온 할매 둘
나물보다 자식자랑 먼저 늘어놓으신다
한 할매 딸이 사다준 스웨터가 참 따숩다며
올 풀리고 빛바랜 소매 끝 매만지니
다른 한 할매 어깨에 힘을 빡 주고는
제사 지내줄 아들이 둘씩이나 있다고
입에 침이 마르신다
한 떼의 참새들 키득키득 웃으며 지나가고
햇살 조금 더 기울어 저 건너
범어우체국 골목에 그늘을 만드는데
바구니에 든 나물은 팔릴 낌새 없고
제 풀에 지친 할매들 목을 빼고
길 끝만 치어다보는데
아까부터 그 모습 가만히 지켜보던 어떤 큰 손이
두 할매 어깨를 토닥토닥 두드려주고 간다
그 뒤로 벚꽃잎 꽃잎들 난분분 흩어지며 눈물처럼 할랑 떨어져 내리고

이불

아랫목 한켠에 웅크린 이불 한 채
진 빠진 메주콩 껴안고 있다

덮어주고 감싸는 게 천성인 그녀는 무엇이든 끌어안는다 몸이건 책이건 옷이건 세상의 모난 돌이건 춥고 외롭고 지친 것들이면 모두 보듬어 안아주고 덮어 가려준다 때로 그것이 제 몸 여기저기 난 흠집이건 얼룩이건 찢긴 가슴이건 견디고 견디다 미어터져 너덜너덜 헤질지라도 착착 접어 갠 흔적 없이 면면한 따사로움으로 방안 가득 펼친 아름다운 관용으로 우리를 품어 키운 그녀 몸, 재활용되지 않는 몸

어리고 지친 것들 껴안고
세상의 모든 어머니들 그렇게들 살았다

동백꽃

혹한의 겨울 짓밟는데
바람이 멱살을 잡고
눈발이 뺨을 후려치는데도
끝끝내 한 송이 꽃
피워내고야 마는 동백나무
가지마다 붉은 문장
선명히 매달고 있다
아, 저리 한 몸 다 바쳐야
다시 태어나는가
별빛 달빛도 읽으러 오고
동박새 와서 느낌표 찍는
명문장의 시詩 저리 태어나는가
저리도 간절히 새 세상을 꿈꾸는가

새들 날아간 자리

아침 산책길
수북이 쌓인 가랑잎 위에 새털 몇 잎 흩어져 있는 것을 보았다

그날, 콩타작하던 해질녘, 가시나가 공부해서 뭣하냐는 아버지 때문에, 남들 다 가던 중학교 대신 고등공민학교에 입학했다가, 일 년을 채 채우지 못하고 가출을 감행, 읍내서부터 머리채 뒤잡혀 끌려 들어온 언니, 도리깨 나뒹굴던 마구간 옆, 감나무 아래, 홍시 떨어져 터져 있던 거기, 한 움큼 뽑힌 머리카락, 콩을 치듯 도리깨 후려치던 아버지, 바르르 떨리던 어머니의 치맛자락, 흰 고무신 한 짝 뒤집혀 있던 그 자리

지난밤, 새들에게 무슨 일이 있었던 것일까

관대한 신神

　내가 하루에도 몇 번씩 드나드는 편의점, 거기서 내가 만났을 수도 그렇지 않을 수도 있는 사람들, 그 중에는 자식을 죽여 방 안에 몇 년째 방치해 놓고 방향제를 사러 나온 아버지도 있을 테고, 부모 유산을 탐하여 정신이 온전치 못한 아버지를 휠체어에 태워 근처 법무사사무소에 가 유언공증을 받고 나온 큰아들도 있을 테고, 혼자 아이를 낳아 쓰레기통에 버리고 목이 말라 우유를 사러 온 여학생, 게임기자판을 두들기다 심심하여 지나가는 또래 아이에게 삥을 뜯고 그 돈으로 컵라면을 사러 온 남학생, 바람난 아내를 뒷조사하다 속이 아파 소화제를 사러온 남편, 몇 년째 취업에 실패하여 부모 눈치 살피다 담배를 사러 온 총각, 강제로 명퇴당한 실직자, 무명시인, 심지어 맞은편 절에서 사람으로 위장하고 소주를 사러 온 부처조차 있을지 모른다. 그러나 24시간 열린 편의점은 그 모든 존재를 다 받아준다. 참으로 관대한 신神이다.

짜디짠 차茶

어머니 커피보다 차茶를 좀 드세요
집 떠나기 전날 큰아들이 사다 준 설록차
진하게 우러난 찻물이 아찔하게 짜다
살아갈 일 막막하다고
한국에서는 더 캄캄하다고
어느 날 불쑥
지구반대편으로 떠나야겠다던 녀석
따뜻한 물에서 활짝 피는 잎새처럼
네 삶도 그렇게 무연히 피어나라고
새순을 떼 내는 나무의 심정으로
떠나보냈는데
방학이어도 다녀가지 못하고
드넓은 염전 같은 세상 어떻게 헤매고 있는지
아지매 잘 지내시능교
아픈 데는 없능교
싱거운 소리로 안부전화 걸어온
네 목소리에 눈물 깃들었는지
어미로부터 떠나온 이 잎새의 갈피에
염분이 섞여 있었는지
진하게 우려진 찻물이 소금물처럼
내 목울대를 짜릿하게 한다

튄다

　빗방울들 통통 튄다. 아파트 벽면으로, 창유리로 온몸을 던지듯 훅 뛰어들어, 머리를 쾅 부딪고는 수만 갈래로 갈라진다. 비칠비칠 사선을 긋는가 싶더니 통통 다시 튀어 오른다. 쏴아— 쏴아아— 밖으로 놀러가자는 건지, 내 방 창유리에서 통통 튕겨져 공터 주차장에 세워진 차 지붕으로 쑤와아— 몰려간다. 몸은 또 갈가리 찢어진다. 거기서도 살아 재잘 재잘거리더니, 이번에는 아스팔트길 위로 튕겨나간다. 그리고는 보도블록 틈 사이로, 어두운 지하도 안으로, 가로수 가지 사이로 별씨처럼 반짝 날아가 박힌다.

　하, 굴하지 않고 나아가려는 저 뜨거운 의지
　튄다

기계들

언제부턴가 피돌기가 멈추기 시작했다
눈꺼풀이 파르르 떨리고
손발 끝에 마비가 오고
두 볼이 굳고 웃음기마저
사라지는가 싶더니
끝내 두 눈 감고
작동을 멈추고 말았다
한때 코드만 꽂으면
신나게 피가 돌던 몸들
내 가족의 안녕을 위해
일만해 왔던 기계들
조심조심 경비실 옆
재활용 쓰레기더미에 모셔 두고 왔더니
오늘 새벽 어떤 신이 운구차를 몰고 와
그 몸들을 거둬갔다

냉동 창고

나보다 오래 남을 돈을 따라서
나보다 오래 남을 빌딩숲을 걷다가
지친 발이 쉴 곳을 찾는다
어디로 가야 하나
세상은 이미 거대한 냉동 창고
어깨를 툭툭 부딪쳐 오는 것은
딱딱하게 얼어붙은 냉동 고기들
더 많은 고기를 먹기 위해
더 많은 고기를 저장하려고
더 많은 냉동 창고를 지으며
점점 냉동 되어온
어리석고 슬픈 인간 고기들
빌딩유리에 비친 내 몸도
냉동육처럼 보이는 낯선 오후
아직 물렁한 두 눈에
붉은 눈발 섞어 치다 녹아 흐른다

아무것도 아닌 것들

너는 아무것도 아니었지
나도 아무것도 아니었지

너는 순식간에 불타는 장작이 되고
나는 일회용 건전지처럼 쉽게 버려져

네 몸은 무색천 하늘로 연기처럼 흩어지고
내 몸은 개밥의 도토리처럼 지상을 구르지

너와 나 우리는 아무것도 아니지만
너와 나 우리는 아무것도 아니어도 괜찮지

어느 날 네가 강물에 떨어지는 빗방울 되고
어느 날 내가 허공에 먼지 알갱이로 떠돌지라도

너와 나 우리는 또 다른 무엇이 될 수 있기에
너와 나 우리는 아무것도 아닐수록 기쁘지

무의미한 것들이 더 깊은 의미를 만들듯
아무것도 아닌 것에서 그 무엇이 만들어 지듯

너와 나 우리가 스스로를 아무것도 아니라고 느낄 때
비로소 다시 새롭게 시작하리니

쓸쓸한 저녁

오랜만에 만난 친구들과 소주를 마신다
거미줄에 이슬이 맺히면 그날은 좋은 일이 생긴다고
어머니는 이슬을 반기셨는데
우리는 참이슬 고인 소주병을 비우며
쓸쓸함을 이야기했다
이민 간 명*이는 거기서 이승을 떠났대
아이들이 아직 어리다던데
친구의 빈자리가 쓸쓸하게 다가왔다
나는 얼마 전 이혼했어
하던 일도 그만두고 갈수록 힘이 드네
감춰둔 속내 털어놓으며
한 친구 손 내미는 순간 또 한 친구가 떠났다
유명인사가 된 친구는 전화를 받으러 자리를 뜨고
기업체를 운영한다는 한 친구는 화장실에 간 뒤 돌아오지 않았다
 쓸쓸하다는 것은 떠나는 이의 뒷모습을 정면으로 바라보는 것
 외면하듯 고개를 돌릴 때마다 이슬이 한 모금씩 사라지는 밤이었다

내게도 아내가 있으면

    내게도 아내가 있으면, 좀 못나고 펑퍼짐하고 세상일에 어수룩하여도, 모자라고 미련한 나를 잘 알아서 내 미련함을 탓하고 꼬집기보다 나를 더 많이 이해해주는 아내가 있으면, 그 아내와 산골로 가 남은 생生 살고 싶네. 풀들 우북한 산비탈, 계곡물 맑게 흐르는 그 옆에, 몸 누일 조그마한 집 한 칸 짓고, 양이나 염소 몇 마리 얻어다 기르며 살고 싶네. 때로는 산꼭대기에 올라 저 멀리 산 아래를 내려다보면서 도랑도랑 이야기 주고받고, 때로는 천둥벌거숭이로 계곡에 들어 서로 사랑도 나누면서, 산밭에는 상추 배추 옥수수 심고 담 밑에 앵두꽃 봉숭아꽃 가꾸면서 가을이 다 갈 무렵이면 산국화 몇 잎 따다 말리거나, 산새들 쪼다 남긴 열매를 주워 다가 겨우내 차나 끓여 마시며 둘이 그렇게 푹 살다 가고 싶네

여자도

아침 TV에서 보았네. 여수에서 뱃길로 서너 시간, 울퉁불퉁한 리아스식 여자만 한 귀퉁이, 점점이 떠 가물거리는 섬, 그 높이가 하도나 낮아 파도가 섬을 넘는다하여 '넘자섬'이라 불렸다는 여자도. 배편이 드물었던 시절, 누구 한번 뭍에 나가면 일주일이나 한 달이 속절없이 흐르고, 때로는 풍랑을 만나 불귀의 객이 되기도 했다는데, 그래서 사무치게 뭍이 그리웠다는데, 그래도 그곳을 떠나지 못한 여자들, 터진 그물을 깁듯 그리움 한 올 한 올 짜기우며 슬픈 운명처럼 어울려, 형님 아우님 피붙이처럼 살아가는 여자도, 나도 그곳으로 가 형님, 형님 흐느껴 부르고 싶네. 밀려나도 다시 기어오르는 파도처럼 끝끝내 가 정박의 닻 내리고 싶네. 무성한 해초들 음모처럼 나풀거리고, 물고기들 은신처로 삼는다는, 여자도로 가 내 생의 옷고름 풀어 헤치고 싶네

절박

   내 생의 문장에서 절박은 절박하다는 서술어로만 쓰일 줄 알았다
   아니면 절박한 관형어로 쓰일 줄 알았다
   그러나 결말이 눈앞에 보일 때 몸으로 느낀다
   절박이 주어가 될 수도 있음을
   일의 절박, 생활의 절박, 사랑의 절박, 창작의 절박……
   무수한 절박이 동사를 불러오기는 하지만
   그것으로 인해 절박은 결코 충족되지 않는다는 것을

제4부

운명공동체

뺨을 치다

그때 내 뺨을 후려친 것은 오빠의 손바닥이었을까
어머니의 손바닥이었을까
방구석에 처박혀 매미처럼 울어도
모른 척 외면하던 어머니는 어떤 마음이었을까
발악 끝에 이어지던 내 딸꾹질은 슬픔이었을까
절망이었을까 뺨 위로 오빠의 손바닥이
지날 때마다 나는 언제나 어머니를 원망했었다
세상에 이리저리 치이며
눈물 흘릴 겨를조차 없던 어머니를
마음속으로 숱하게 할퀴고 때리고 원망했었다
이제는 아무도 나를 때리지 않는 나이
가끔 내 손으로 내 뺨을 후려쳐 본다
나는 그간 내 안의 어머니를 너무 많이 아프게 했다

나팔꽃우체부

가파른 담장을 기어올라 내 새벽을 깨우는 저 나팔꽃
고향 뒷산 무덤에서 이 도시의 아파트 담장까지
어머니의 기별을 안고 온 집배원일 것이다
햇살 와 닿으면 스러지는 이슬 같은
주소 한 장 잎사귀로 받쳐 들고
무덤 가 풀뿌리에서 또 다른 뿌리로 발을 옮기며
아슴아슴 희미한 길 짐작으로 건너왔을 것이다
때로 벌레들이 달려들고 끊어진 뿌리 앞에서
막막하기도 했을 것이다
지하의 저 아득한 크레바스로
굴러 떨어지며 아찔한 순간도 있었을 것이다
잘 있느냐는, 사는 일 힘들어도
결코 좌절하지 말라는 어머니의 마음 전하려고
내가 당신의 딸이 아니라
또 다른 당신이란 그 말 전하려고
가파른 담장 안간힘으로 기어올랐을 것이다
내가 알아채건 못 알아채건
눈 한번 마주쳐 보기나 하라고 나팔나팔 손사래 치는
그녀의 코끝에 땀방울 송골송골 맺혀 있다

벚나무 아래서

꽃바람 불고 대지가 점차 데워지는 봄날, 아파트 주변을 산책하다가 며칠 사이 둘레가 불그레하게 변한 벚나무를 보았습니다. 가까이 보니 곧 터뜨릴 듯 울음덩이를 물고 가지를 파르르 떨고 있더군요. 벚나무둥치에 햇살이 날카로운 침을 쏘아대고, 어디선가 가쁜 호흡이, 간간이 연약한 숨소리가 들리는 것 같았습니다. 나는 벚나무 둥치를 끌어안고 장난하듯 젖꼭판을 꾹꾹 눌렀습니다. 그러자 꽃봉오리들 젖꼭지처럼 탱탱하게 부풀어 오르며, 혹, 꽃비린내 사방으로 쏟아져 나왔습니다. 그 순간 아아, 나는 보았습니다. 그 안에, 폭죽처럼 터지는 꽃 안에 웅크려 있는 어머니를. 나를 기다려 언제나 창 쪽으로 몸을 구부려 계시던 어머니, 돌아가시기 전, 배만 둥그렇게 부풀어 올랐던 어머니가, 그 안에 겨울애벌레처럼 웅크리고 있었습니다. 몸속에 점점이 덩어리져 있던 말, 이제 오나, 이제야 오나— 실뿌리까지 머금었던 말, 꽃비린내 풍기며 빠져나가고, 벚나무는 다시 깊은 잠에 빠지고 있습니다.

조용한 봄날 벚나무 흐드러진 꽃잎이 바람에 살랑거리며 떨어져 내립니다. 거친 수피樹皮를 뚫고 환하게 피어난 꽃송이들, 화농한 꽃잎이 향기 풍기는 벚나무 아래서 나는 그렁그렁한 눈을 끔벅이며 오랫동안 서 있습니다.

영주 씨

내 아버지 이름은 김영주, 가진 게 없어 영주領主가 되지 못하고
아는 게 없어 주목을 받지도 못해
세상 한 기슭 이슬꽃처럼 피었다 굴러간 영주榮珠 씨
사람들은 아버지를 법 없이도 살 사람이라 했지만
사실은 법도 율律도 잘 알지 못하고
사랑을 표현하는 법조차 몰라
늘 가족들 주변에서 맴돌기만 했던 아버지
보이소, 즈그아부지, 아부지, 아부죠라고 불리다
나중에는 그 이름조차 불리지 않고
요양원에서 혼자 쓸쓸히 돌아가신 아버지
언젠가는 나를 불러 앉혀 놓고 젊은 날 징용으로 끌려 가 끝까지 살아남은 이야기며
해방 후 전장에서 적들을 단 주먹에 날렸던 무용담
형형한 눈빛으로 들려주셨는데
그런 날 아버지의 코 고는 소리 유난히 컸는데
세상일에는 늘 서툴러서 허탕만 치고
돌아와 논밭이나 갈아엎으며 어머니에게 구박받던 아버지
때로는 툇마루에 앉아 지붕에 떨어지는 생살구며
마당에 환히 떨어진 감꽃을 눈물겹게 바라보시던, 내 피에 시詩를 섞어주신 아버지
질경이 자욱한 풀밭을 지나
구비 구비 첩첩 산허리 허리 돌아서 고향 뒷산에 씨앗처럼

묻힐 때
  비로소 비석에 뚜렷이 새겨지던 이름
  오늘은 그 이름 애인처럼 한번 불러보고 싶은데
  영주 씨, 영주 씨, 눈웃음치며 애교스럽게 한번 불러보고 싶
은데

쪽마늘

어머니 쪽마늘 까신다 시집 간 큰딸아이 친정 와 늘어지게 자고 있을 때 어머니 돌아서 쪽마늘 까신다 금쪽같은 큰아들 한쪽 눈 잃어버리고 왔을 때 어머니 쪽마늘 까신다 으깨신다 그 사람과 더는 못 살겠어요, 작은딸 결혼에 실패하고 왔을 때 어머니 종일 쪽마늘 까신다 믿었던 작은아들 사업에 실패하고 혼자서 먼 객지 떠돌 때 어머니 쪽마늘 까신다 으깨어 다지신다 하나같이 상하고 흠집 난 쪽마늘 어이 매워, 어이 매워, 눈물 흘리며 어머니 쪽마늘 까신다 으깨어 다지신다

동치미

 한해를 갈무리하는 12월이면 마을어른들 우리 집 작은방에 모여 해치*를 하였었는데, 그런 날 저녁이면 어머니 커다란 양푼에 동치미 한 가득 내오시며 온 동네 어른들 불러 모으셨는데, 기와집 할배요 우리 집에 밥 잡수러 오시랍니더, 문수아재요 울 엄마가 밥 잡수러 오시랍니더, 우야아지매요 울 엄마가 밥 잡수러 오시랍니더, 부르튼 손등으로 콧물 훔치며 어둑한 골목을 뛰어다니다 오면, 어머니 그새 쫑쫑 썬 무를 얼음 뜬 국물에 띄워 한 상 가득 차려놓으셨는데, 어른들 그 무無맛인 동치미국물 아 참 달고 시원타 연발하시며, 마음이 동하면 젓가락 장단에 한 소절씩 노래도 부르셨는데, 세상일 그리 큰일이 아니라 가난한 음식이라도 이웃과 함께 나누는 일이라고 그렇게 가르쳐주셨는데, 그 세월은 어느 시간의 뒤안에 김칫독처럼 묻혀있는지, 냉장고에서 동치미를 꺼내 혼자 꾹꾹 씹는 밤, 창밖엔 12월 찬바람만 휘휘 날리고

---

* 해치 : 축제(혹은 마을회의)의 의미를 가진 경상도사투리.

명자꽃

명자꽃 피는데 명자언니 삶은 왜 피지를 않나
명자꽃 피면 명자언니 얼굴에도
웃음꽃 피어 흐드러질 줄 알았는데
명자꽃 피어도 명자언니 삶은 퍼지질 않고
농자금 빚과 주름과 한숨만 깊어가는 봄
희망의 푸른 향기 가득해야 할
미나리꽝에는 올봄도
이산화황냄새 석유냄새나 낭자하고
명자꽃 피니 명자언니 울음만 수북이 피어나네

간다

 간다 한 여자 목련꽃 꽃 터지는 거리를 지나 아까시 희디흰 꽃냄새 물큰 흐르는 언덕을 넘어 은행나무 노란 열매와 플라타너스 널따란 잎 그늘을 가르며 간다 그러나 어디로 가는지 자신도 알 수 없다 생은 언제나 오늘에서 내일로, 낯익은 곳에서 낯선 곳으로 길 떠나는 것, 한 여자 되돌아보는 일 없이 간다 가다가 꽃 만나면 꽃이 되고 들풀 만나면 들풀이 되고 안개비 만나면 안개비 되어서, 그 만남에 잠시 젖어 따스해하면서, 이내 다시 길 떠난다 꽃 떠나며 꽃을 잊고 풀 떠나며 풀을 잊고 비 떠나며 비를 잊고 그 이름도 의미도 모두 잊고 불러도 답하지 않고 간다 푸른 등 반짝이는 너도밤나무 뒤 찬바람 걸어간 산벚나무 위 공(空) 공(空) 공(空)으로 가는 달처럼 한 여자 끝없이 가고 간다

몸속 유전자

하나도 아니고 둘도 아니네,
내 몸의 절반은 아버지가, 또 다른 절반은 어머니가 깃들어 있네
내 오른쪽 어깨는 무거운 짐 지고 눈밭을 걸어 온 아버지의 어깨가, 내 왼눈은 어두운 마음 설거지하고 빨래하던 어머니의 젖은 눈빛이,
나는 까마득 잊고 살지만, 몸은 기억하고 있네, 스치며 깃들고 흐르는 내 몸속 유전자, 나를 스치고 지나간 것들, 내가 스치고 지나온 것들이 내 안에 깃들어 흐르고 있음을,
내 손닿지 않는 등죽지는 어머니의 어머니의 아주 오래된 어머니가, 오른쪽 귀는 뒤란에 숨어 울던 풀벌레들이, 왼쪽 눈썹은 잔바람에도 파르르 떨던 호롱불불빛이, 오른손은 안개와 이슬과 바람을 만지는 차가운 나뭇가지가, 왼쪽 무릎은 철커덕거리며 어디론가 떠나려는 기차바퀴가, 서로를 꼭 부둥켜안고 어두운 내 안에 깃들어 있음을, 몸의 기관들은 다 기억하고 있네,
그것들 혈관을 타고 다니며 나를 건드리는 것도 몸이 먼저 알아서, 내 의식하지 못하는 사이 몸이 먼저 아프고, 밤낮이 교차하는 우주의 시간이 되면 몸 어딘지도 모르게 욱신욱신거리고

홍경이 아저씨

6.25때 적이 던진 수류탄 소리에 귀먹고
말소리 잃었다는 친정 뒷집 상이용사 아저씨
어릴 때 배운 목수기술로 대들보며 문틀이며
문짝이며 창살까지 아름답게 만들어내는
벙어리 대목수 홍경이 아저씨
철없는 아이들이 홍게 홍게이 놀려도
적을 용서하듯 순전한 웃음으로 아이들을 용서하고
이웃집 담장이 허물어지거나 지붕이 낡았다고
누군가 수신호를 보내오면
밤이든 낮이든 달려가 수리해주는 마음씨 좋은 아저씨
어릴 적 나도 목수기술 배워 작은 목수가 되고도 싶었네
거친 동해를 자유롭게 누비듯
온 마을을 신나게 누비는 홍게 아저씨
말이 잘 통하지 않거나 일이 힘에 겨울 때는
얼굴을 붉히며 가쁜 숨 몰아쉬어도
대패로 나무를 깎듯 마음 깎아내며
산비둘기나 꽃 같은 새말을 만들어 의사를 타전하는
이 시대의 진정한 대목수 홍경이 아저씨
가끔 잃어버린 목소리 한스러운지
툇마루에 앉아 오래도록 밤하늘 올려다보지만
집게 같은 두 손으로 툇마루를 잡듯
삶을 꽉 잡고 있는 눈부시고 멋진 홍게이 아저씨
나도 아저씨처럼 내 삶을 힘주어 꽉 잡고 싶네

작은어머니

　어서 오이라 찹다 거 찹다, 이리 오이라, 아랫목 이불속 손잡아 앉히는 작은어머니

　니 얼굴에 니 엄마가 있구나 니 엄마나 내나 모두 이 집에 쪼맨을 때 시집와 고상도 억시기도 했네. 니 할배 망년자리 똥오줌 수발 번갈아 하며 이 방에서 지냈니라 우리사 하루 밤 하루 낮도 내 집이라 편하게 몬 잤지. 낮에는 허리 펼 새 없이 일하고, 밤에는 호롱불에 식구들 터진 옷 깁고, 깜박 졸라치면 소새끼같이 잔다고 니 할매 어떻게나 나무라던지 친정부모 누 끼칠까 그러구러 참고 또 참고 살았니라, 잔칫날 낼 모랜데 귀띔이 오기를 사돈될 양반네 범상찮다는 소문에 낙담도 잠시, 그래도 잘 섬겨 살면 그런 사람이 뒤끝 없다고, 사는 대로 살아보라고, 귓등 건넌 언약도 무섭거늘 사주단자 오간 사이, 이미 그 집 귀신이라고, 좋으나 궂으나 참고 살라고, 그래그래 꾹 참고 살았니라 니 할매 깡세고 니 할배 깡세고 니 작은 아부지도 깡세, 내 억수로 욕보고 살 때, 니 엄마 내 손을 이렇게 꼭 잡아줬니라 니 엄마 없었으면 내 어찌 살았을꼬

감자꽃

　감자꽃 아나, 감자가 왜 비리고 떫고 아린지 아나, 꽃을 따 주어야 알이 더 튼실해진다고, 똑똑, 꽃잎을 따야하는 손목의 아픔은 알기는 하나, 채 피지도 못한 꽃을 내주어야 하는 꽃대의 속울음은, 제 하얀 목덜미를 내어주는 꽃의 찢어지는 가슴은 알고나 있나, 일생 밭이랑을 흐르며 살아온, 어머니 머리에 얹힌 흰 수건 같은, 수건을 벗어 툭툭 털면 한생애가 하르르 지는 꽃, 감자꽃, 바람의 입김만 닿아도 자질이듯 꽃대 흔드는 모습이 때로 간절한 생의 의지처럼 보여 꽃을 꺾는 손길 주춤거리게 하지만, 세상에는 꽃을 따주어야 더 굵은 구근을 매다는 꽃이 있어, 꽃을 따면서 손끝 파르르 떠는 손길도 있어, 뻐꾸기 울음 더 구슬퍼지는 걸 아나, 꿈을 버리고 젊음을 버리고 우우 떠나는 꽃들, 비바람 햇볕에 하얗게 육탈시킨 넋으로, 뜨거운 흙구덩이 속에 비리고 아린 맘 묻고 묻어 자식 키워내는 저 맘 알기나 아나, 정말 알기나 알면서 떫다고 하나, 캐고 캐내어도 줄줄이 딸려 나오는 저 비린 사랑, 서로 더 가지려 다투고, 조금 썩으면 그대로 쓰레기통에 내다버리는 니들이 알기나 하나, 정말 알고서 고개 끄덕거리나

느 외할매

　야야, 말마라, 니는 순하기만 한 사람이라 기억하지만, 느 외할매 만날 묵는 밥을 우째 소화시켰는지 아나? 들창 열고 앉아서 사람들한테 욕 퍼붓는 일로 소화시켰다 아이가,

　우리 장자골논에 모 심던 날, 읍내 여편네들이 꽃양산 씨고 살구꽃 만발한 길로 꽃놀이 가는 걸 보고는, 젊은 년들이 개X질하메 돌아 댕긴다고, 묵고 살기가 호랭이보다 무서븐 시상에 어떤 미친년들이 꽃양산 씨고 지랄이냐고 얼매나 쨍쨍하게 욕을 퍼붓던지. 넘한테 욕하는 것도 봇장이 두둑해야 한다믄, 봇장 좋기로야 느 외할매 당할 사람도 없었제, 한 날은 우리 집에 소도둑이 들어 느 외할매한테 딱 들키가, 조상도 훔쳐 팔아 묵을 놈이라고 욕을 배 터지게 얻어 묵었제, 그뿐 이가, 선거철에 언놈이 고무신 들고 와서 지 아이믄 안 된다꼬, 지가 돼야 농민이 잘 산다꼬 말만 번드르르 앞세우는 꼴을 보믄 미친 지랄하는 눔 주접떨고 자빠졌다고 대놓고 소리를 안 내질렀나, 그래도 느 외할매 인정은 참 많은 사람이었다 아이가. 마실로 들어오는 방물장수들 오 갈 데 없는 저녁이믄 데려다가 따순 밥 멕이고 잠 재우고, 이웃에 초상 나믄 젤 먼저 달려가서 죽은 사람 염해주고 곡해주고 노전제 산신제 팽토제 온갖 젯밥 손수 지어 망자 가는 길 닦음도 안 해주었나. 그런 날 저녁이믄 나는 우찌 아들이 없느냐고 혼자서 섧디 섧게 울기도 했는데, 그래도 내 우물물 길어 물동이 가득 채워주믄 열 아들 안 부럽다고 골목골목 자랑하고 댕다카이.

요새도 느 외할매 욕설 같은 비 쏟아지믄, 흙냄새 훅, 풍기며 들려오는 그 목소리, 니도 이자쁘믄 안 된대이.

소

신도시 한복판 어디선가 소 울음소리 들린다
팔 다리 머리 어깨허리 가슴 배 내장
어디 하나 성한 데 없이 난도질당한 채
정육점 안 갈고리에 걸려 있는 소
그에게도 어린 시절이 있었을 것이다
어미 젖가슴에 입을 쭉쭉 들이밀고
눈과 비와 흙과 똥과 뒹굴며
바람 햇빛 쏟아지는 들판을 맘껏 뛰어 다녔을 것이다
어미 죽고 조금씩 어른이 되어가면서
소의 생生에 대해 생각하게 되었을 것이다
떡 벌어진 어깨와 드럼통 같은 몸은
제 몫이 아닌 것마저 짊져야하는 운명을 알게 되었을 것이다
그 몫을 감당하려 풀이 더 무성한 초원으로 가려했을 것이다
처음엔 좁고 구불구불한 시골길을 지나야 했을 것이다
길이 보이지 않는 골목 끝에서 헤매기도 했을 것이다
그럴 때마다 어미 얼굴 떠올리며
고개를 하늘로 치어들고 머언 천둥같이 울기도 했을 것이다
 입천장을 뚫고 나오려는 울음 씹으며 천천히 되새김질하기도 했을 것이다
 그러다 수많은 행인과 차들 질주하는 도로로 접어들게 되었을 것이다
 마음 급해도 걸음은 빨라지지 않았을 것이다
 머뭇거리는 그를 어느 손이 낚아채 어디론가 끌고 갔을 것

이다

정육점 유리창에 붉은 놀 기우뚱 걸리는 저물녘
신도시 한복판 어디선가 소 울음소리 길게 들려온다

깃발

상가 옆 게시판에 붙어 펄럭이는 광고지
나도 한때 가슴 떨며 붙인 국어교실 광고
이러다 자식들 공부나 제대로 시킬까
고민 많던 시절
가난도 순응하게 만든 아이들이 있었지
늦은 밤 학교를 파하고 샘, 샘, 까르르
어둠을 밀고 몰려오던 녀석들
샘 얼굴이 왜 이렇게 시커멓게 탔어요
어깨 위로 하얗게 분필가루 날리며
샘도 좀 하얘보시지 하하하 웃던 고놈들
은행나무 노란 이파리 바람에 지고
영화의 장면이 바뀌듯 아이들 떠나면
교실에 혼자 남아 오래된 종처럼 울기도 했던,
상가 게시판에 붙은 광고 문구를 읽으며
문득 서러워지는 행간의 오후
조심성 없는 바람은 전단지를 날리며
내 머리카락을 마구 잡아끄는데
아무리 바람불어간들 이제는 가 만날 수 없는
그때의 그 아이들, 아이들을 찾는 저 전단지
한때 눈물겹게 펄럭이던 내 젊음의 아득한 깃발

돼지수육

　내 처음 느 아부지 따라 시집에 가니 외양간에 소도 있고 돼지도 있더라고. 최소한 밥은 굶지 않겠다 싶었제. 그란데 그 양반 참 독하기도 독하더라고. 밥 지을 때마다 어째 그래 공구 수에 딱 맞춰 쌀을 내주는지, 내사 맨날 누룽지도 잘 몬 얻어 묵었제. 어느 이른 봄날인가, 그날따라 아침부터 눈발이 펄펄 날리는데, 펄펄 펄펄펄 천지 사방에 날리는데, 느 할매 가마솥에서 돼지고기를 푹 삶아 수육을 만들어 들고 나오더라고. 내 그 수육이 한 점 먹고 싶어서, 김치라도 한 점 척 걸쳐서 오물거려보고 싶어서, 느 할매 몰래 한 점 슬쩍 입에 넣고 우물거리는 참인데, 그새 따라온 느 할매 벨로 보고 말도 않고 딱 노려보더라고, 그래 내 밤새 잠 못 자고 채 소화도 시키지 못한 것을 토하고 또 토하고 말았제. 그때가 니를 가졌을 무렵이었제, 아마.

　그래서인가. 난생 처음 먹는 음식인데도 언젠가 맛본 기억이 났던 돼지수육, 요즘도 가끔 먹으면 무슨 곡절인지 울컥 서러움이 치솟고 어머니 배속에 있던 그때 생각이 나곤 하는 것이다

운명공동체

바위가 쓸쓸하여 나무의 품으로 파고든 것인지
나무가 쓸쓸하여 바위를 품어준 것인지 서로의
불구를 껴안고 한 몸으로 살아가는 나무바위 틈

가슴이 붙은 채 서로를 꼭 끌어안고 태어난 샴쌍둥이 부엉이
머리 둘에 하나의 심장 서로 분리되지 않은 채
세상에 나온 샴쌍둥이 꽃뱀들

무수한 신경과 조직이 서로 얽히고설킨 몸들
살기 위해 갈등과 충돌을 자제하며
사랑과 배려와 연민과 인내로 무장한 운명공동체

하나이면서 하나가 아닌 둘이면서 둘만도 아닌
노자의 도道 이야기가 무위無爲의 실현이
곧 생존임을 몸으로 보여주는 저 수많은 목숨들

꿈을 이루기 위해

꿈을 이루기 위해 학교 준비물을 챙기고 시험을 치른다
꿈을 이루기 위해 새벽밥을 먹고 도서관으로 향한다
꿈을 이루기 위해 인터넷 골목을 뒤지며 입사원서를 쓴다
꿈을 이루기 위해 시커멓게 타들어가며 담배를 피운다
꿈을 이루기 위해 편의점 알바를 하고 뉴스를 듣는다
꿈을 이루기 위해 늘 거기에 있는 꿈을 좇아 달려간다

자신의 꿈이 무엇인지도 모르는 청춘들
꿈을 이루기 위해 꿈을 깨야 한다는 사실을 모르고
꿈을 이루기 위해 지칠 줄 모르고 꿈만 꾼다

아니리춘향가

　이보시오, 선비양반 낮술이나 한 잔 하십시다 아무리 복사판 복제본세상이라지만 대명천지 광명세상 아직도 자왈자왈 글공부라니요 맹자 공자도 마눌님 등살에 다 말라 죽고 윤리도덕삼강오륜 홑바지저고리 된지 오래인데 밥도 돈도 안 나오는 그딴 글줄 잡고 늘어지다니

　내 비록 기생으로 뱃속에서 나서 기생으로 살아가는 소위 미스 성 하고도 춘향이나, 가뱅이 부모 속에서 태어나 가뱅이로 사는 게 별거 아니잖소

　세상이 웃음거린데 웃지 않고 어쩌겠소 웃음 팔아 영혼을 먹여 살릴 순 없겠으나 가난보다 천륜의 姓氏 成을 준 아비 빚보증에 그러구러 파산했다는데 사또 낮마실 밤마실 수행기생 거울 앞 분단장에도 떠오르니 도령이요 들리느니 뻐꾸기 울음소리 벌레소리 물소리 새벽닭소리 님 소리라도 사랑 절개보다 천지사방 떠도는 가족 모두 제 각각이라

　비처럼 쏟아지고 눈보라 무너져도 대쪽선비 그렇다손, 몹쓸 세상, 한번 주저앉으니 일어날 수 없는 앉은뱅이 술상머리

　이보시오 선비양반, 글줄 놓고 탁상공론 선달이 되거나 잡사 건달이 되거나 이내 춘향이 사랑절개 놓고 살자고 한 번 살아 보자고 그게 그거잖소

물의 정신

아무리 불도저로 밀어붙이고 덤프트럭으로
시멘트를 실어다 댐을 만들고
폭약을 무더기로 던져봐라
이 썅년이, 뺨을 때리든 말든
찢고 할퀴며 머리털을 뽑든 말든
물은 철철 웃으며 흐른다
흐르며 스며들고 솟아오르며 나아간다
물의 정신을 본받으면 두려운 것이 무엇이랴
온 강을 다 까뒤집고 게 발인지
개 발인지 개발인지 지랄염병 떨어도
여기도 줄줄 저기도 줄줄 오늘도
내일도 물은 졸졸 그 노래 뜨겁지 않으랴
조그만 틈을 뚫으며 거대한 바윗덩어리도 뚫으며
여기서도 줄줄 저기서도 졸졸 흐르는 물을
깊고 길고 멀며 부드럽고 검은
끝없이 흘러 다니며 돌고 도는 물을
누가 그 줄줄 혹은 졸졸의 정신과 대적하겠느냐

구멍

흔히 구멍을 뚫려 있는 빈틈이나
아무것도 아닌 허방이라고들 하지만
놀라지 마라
세상의 모든 것은 구멍이 만든다
웅크린 네가 둥글게 탯줄 감았던 곳도
어머니 우주의 끝을 잡고
마지막 힘주어 내가 나온 길도
물고기들 꼬리지느러미 부르르 떨며
쏟아낸 씨알도 꽃도 물도 풀도 열매도
이 세상 모든 미인 미남도
다 구멍이 만든 작품이다
자식에게 물려주고 가는 세상이
정말 괜찮을까 솟구치는 눈물샘도
푸른 봉분을 가진 내 무덤을 쓸 곳도 다 구멍 아닌가
구멍이 있기에 생의 첫과 끝이 있고
부둥켜안고 악도 쓰고 눈물도 흘리는 것이다

분비물의 시詩

내 몸에서 흘러나오는 똥 오줌 눈물 콧물 침 땀 피 총
내 몸에서 떨어져 나오는 머리카락 눈곱 귀지 털 살비듬
살아있는 몸이 끝없이 밀어내는
살아있기에 몸에서 쉼 없이 밀려나오는

끊임없이 밀려나고 삭고 썩고 흩어져
가뭇없이 사라져 가는
분비물만큼
분비물처럼

그저, 그뿐인, 그 따위, 그 등속의 것일지라도
늘, 쓰고 싶었고, 쓰고 싶고, 써야 할 나의 시詩

www.poempoem.kr

● 작품해설

김순아 시집 『슬픈 늑대』 해설

'명령이라는 가시'와 응콘데 실존성

정진경 (시인·문학박사)

1962년 부산 출생.
2000년 〈부산일보〉 신춘문예 시로 등단.
시집 『알타미라 벽화』, 『잔혹한 연애사』, 『여우비 간다』.
평론집 『가면적 세계와의 불화』

● 김순아 시집 『슬픈 늑대』 해설

'명령이라는 가시'와 응콘데 실존성

글. 정진경(시인·문학박사)

　엘리아스 카네티는 위에서 아래로 하달되는 명령어를 영구 불변의 가시라고 한다. 인류의 질서 내에서 명령은 말보다 오래되었으며 권력의 핵심을 이루고 있다. 명령을 받는 사람의 입장에서 권력자의 말은 내면에 쌓이는 가시가 되기 때문에 사라지는 일이 없다.(미나토 지히로, 『생각하는 피부』 참조) '갑'이 될 수 없는 세상의 모든 '을'들은 가시를 꽂아 만든 조각상인 응콘데(Nkonde)의 심장을 가지고 산다고 할 수 있다.
　김순아의 이번 시집에 나온 시적 대상들은 가시를 품은 응콘데의 형상을 닮아 있다. 우리사회에서 명령어를 가지지 못한 사람들의 실존을 중심으로 시적 세계를 구성하고 있는데 시적 프레임에 포착되는 대상들은 사회적 약자들이다. 따스한 마음으로 성찰하고 있는 그녀의 시안詩眼 속에는 강자와 약자의 시스템으로 영위되는 사회에 대한 비판이 들어 있다. 그녀의 차분하고 부드러운 시적 화법은 마치 잘 길들은 개를 연상하게 하지만 의식을 자세히 들여다보면 야생성이 번득이는 늑대의 슬픈 눈빛을 가졌다. '명령이라는 가시'(미나토 지히로, 『생각하는 피부』)를 심장에 품고 사는 존재들을 성찰하는 그녀의 시들은 사회라는 목줄에 매여 자유를 강탈당한 우리의 군상群像이자 일상에 길들어가는 슬픈 자화상이라 할 수 있다.

 그렇다면 이런 자화상을 통해 그녀가 우리에게 말하고 싶은 것은 무엇일까? 문득 '생존이나 욕망에 길들어가는 인간 실존에 대한 비판이 아닐까?' 하는 생각이 든다. 생존과 욕망은 다른 말 같지만 우리사회에서 동전의 양면 같은 것이다. 인류는 사회의 모든 구조를 서열화해 놓았다. 나이가 아니면 사회적 계급으로, 성性과 인종 등 서열화 되지 않은 것이 없다. 서열화의 사회가 공정하게 이루어진다면 문제가 없지만 그렇지 않을 때는 억압과 상처를 남긴다. 때문에 우리는 이런 사회에서 살아남기 위해서, 혹은 명령하는 자가 되기 위해서 정신적 물질적 욕망을 추구하게 된다. 욕동欲動의 수렁 속에서 질척이며 살 수밖에 없는 것이다.

 이런 사회가 만들어내는 실존성을 김순아는 간파하고 있다. 이러한 것을 그녀는 어머니와 같은 여성이나 사회에서 소외되었거나 물질적 권력을 가지지 못한 사회적 약자들을 대상으로 형상화하고 있다. 이들의 실존성을 시적 언어로 반추하는 것은 사회의 구조적 모순을 비판하는 동시에 인간의 진정한 실존적 양상이 어떤 것인가를 고민한 흔적으로 보인다.

가부장적 명령어의 가시

시인의 연령대 여성이라면 가부장적 명령어로 인한 가시가 없는 사람이 드물 것이다. 생채기가 나 멍이 든 가슴은 피고름을 쏟아내는데도 사회적 시선을 의식해 가슴에 품을 수밖에 없었던 말들. 그럼에도 불구하고 그 말들에 의해 여성들은 길들어왔다고 할 수 있다. 이런 여성의 습성을 김순아는 어머니를 표상으로 성찰하고 있는데 가부장적 명령어의 억압으로 순응하는 삶이 여성의 숙명이 되어버렸다는 것을 포착하고 있다. 그런데 여기서 흥미로운 것은 이러한 숙명이 할머니, 어머니, 나로 이어지는 여성의 계보를 통해서 더 강화된다는 것이다. 여성에게 명령을 하는 타자가 남성이 아니라 서열화된 여성의 상위 계층이라는 사실이다.

그렇다면 무엇 때문에 가부장적 명령어가 여성의 계보를 통해서 더 많은 가시를 생성하는지를 한번 보기로 하자.

니 얼굴에 니 엄마가 있구나 니 엄마나 내나 모두 이 집에 쪼맨을 때 시집와 고상도 억시기도 했네. 니 할배 망년자리 똥오줌 수발 번갈아 하며 이 방에서 지냈니라 우리사 하루 밤 하루 낮도 내 집이라 편하게 못 잤지. 낮에는 허리 펼 새 없이 일하고, 밤에는 호롱불에 식구들 터진 옷 깁고, 깜박 졸라치면 소새끼같이 잔다고 니 할매 어떻게나 나무라던지 친정부모 누 끼칠까 그러구러 참고 또 참고 살았니라, 잔칫날 낼 모랜데 귀띔이 오기를 사돈될 양반네 범상찮다는 소문에 낙담도 잠시, 그래도 잘 섬겨 살면 그런 사람이 뒤끝 없다고, 사는 대로 살아보라고, 귓등 건넌 언약도 무섭거늘 사주단자 오간 사이, 이미 그 집 귀신이라고, 좋으나 궂으나 참고 살라고, 그래그래 꾹 참고 살았니라 니 할매 깡세고 니 할배 깡세고 니 작은아부지도 깡세, 내 억수로 욕보고 살 때, 니 엄마 내 손을 이렇게 꼭 잡아줬니라 니 엄마 없었으면 내 어찌 살았을꼬

— 「작은어머니」 부분

그때 내 뺨을 후려친 것은 오빠의 손바닥이었을까
어머니의 손바닥이었을까
방구석에 처박혀 매미처럼 울어도
모른 척 외면하던 어머니는 어떤 마음이었을까
발악 끝에 이어지던 내 딸꾹질은 슬픔이었을까
절망이었을까 내 뺨 위로 오빠의 손바닥이
지날 때마다 나는 언제나 어머니를 원망했었다
세상에 이리저리 치이며
눈물 흘릴 겨를조차 없던 어머니를
마음속으로 숱하게 할퀴고 때리고 원망했었다

— 「뺨을 치다」 부분

인용 시들을 보면 가부장적인 명령어가 어떠한 방식으로 여성의 계보에서 존재하는지 알 수 있다. 앞의 시에서 어머니와 작은어머니는 가족 내에서 남자들뿐만 아니라, 할머니에게 명령을 하달 받는 약자들이라 할 수 있다. 집안의 온갖 허드렛일을 다하면서 잠조차 마음대로 잘 수 없는 며느리들의 일상은 일꾼이라 다름없는 지위를 갖고 있다. 가부장적 질서 내에서 여성을 이렇게 대하는 것은 오랜 시간동안 밖에서 활동을 하는 남성의 사회적 능력은 화폐가치로 환산되어 인정되는 반면 가정 내의 여성의 활동은 평가절하 되었기 때문이다. 가부장적 질서가 인정하는 여성의 재생산성과 가치는 생명을 잉태하고 낳아 혈통의 연속성을 잇는 생물학적인 실존성이라고 할 수 있다.

　이런 현실 속에서 아이러니하게도 여성을 억압하는 것은 여성이다. 남성이 만든 가부장적 패러다임이 여성의 계보 속에서 더 강력하게 그 힘을 발휘한다. 이러한 것은 여성의 서열에 의해 결정되는데 아들을 낳은 어머니는 아들을 결혼시키면서 절대적 권력자가 된다. 아들이라는 남성의 권력을 등에 업은 어머니는 명령할 수 있는 권력자가 되기 때문에 아들은 소중한 존재일 수밖에 없다. 그런 이유 때문에 시적 화자의 어머니는 오빠에게 폭력을 당하고 있는 딸의 상처를 외면한다. 딸을 외면하는 어머니의 행동은 아들을 더욱 가부장적인 존재로 만들어가고, 딸은 이중의 억압 속에 살게 된다. 여성이 스스로 가부장적 질서를 강화하고, 견고히 하는 데에 일조한다. 이것은 어머니가 이미 가부장적 질서 내에서 길들어져버렸기 때문이다. 반복되는 억압과 폭력으로 인해 자유 의지는 상실해 버리고 체제에 순응하는 실존이 몸에 배인 것이다.

　이러한 여성의 계보로 이어지는 가부장적 명령어는 김순아 내면에 가시로 남아 있다. 카네티가 말했듯 말의 가시는 내면에 숨겨져 불변의 상처로 남는다. 내부에 고립적으로 남아 있는 가시가 김순아로 하여금 자꾸만 어머니의 실존적 모습을 들여다보게 한다. 어머니 세대가 품은 가시는 당신을 찌르고 딸을 찌르는 트라우마로 전수된다. 이러한 트라우마의 전수가 시인으로 하여금 어머니 시편들은 반복적으로 쓰게 한 원인이라 할 수 있다. 내면의 통증을 치유하기 위한 한 방식으로써 시쓰기는 시인의 여성적 자아를 성찰하게 하여 진정한 여성의 실존성을 찾아가는 여정이 되고 있다.

　아버지와 어머니의 융합체로서의 '나', 즉 남성적 자아와 여성적 자아 사이에 있는 경계적 존재가 '나'라는 것을 인식하는 것이 아래 시들이다.

　　하나도 아니고 둘도 아니네,
　　내 몸의 절반은 아버지가, 또 다른 절반은 어머니가 깃들어 있네
　　내 오른쪽 어깨는 무거운 짐 지고 눈밭을 걸어 온 아버지의 어깨가, 내 왼눈은 어두운 마음 설거지하고 빨래하던 어머니의 젖은 눈빛이,
　　나는 까마득 잊고 살지만, 몸은 기억하고 있네, 스치며 깃들고 흐르는 내 몸속 유전자, 나를 스치고 지나간 것들, 내가 스치고 지나온 것들이 내 안에 깃들어 흐르고 있음을,

…(중략)…
그것들 혈관을 타고 다니며 나를 건드리는 것도 몸이 먼저 알아서, 내 의식하지 못하는 사이 몸이 먼저 아프고, 밤낮이 교차하는 우주의 시간이 되면 몸 어딘지도 모르게 욱신욱신 거리고
— 「몸속 유전자」 부분

꽃 지는 소리 잎 지는 소리 바람소리 창을 두드리는 소리 문자메시지 문장과 문장 사이 부호와 부호 사이 건너뛰는 행간과 행간 사이 그 틈 사이에 끼어 깜박이는 나

어머니가 돌아가셨을 땐 슬픔 때문에 죽어버릴 것 같다며 울면서도 밥을 먹었고 아버지가 돌아가셨을 땐 세상이 끝난 것 같다는 절망에도 밥을 먹었고
— 「깜박이다」 부분

'여성으로서의 나의 존재가 어디에 위치하고 있는가?'에 대해 눈을 뜬 시가 「몸속 유전자」라는 시라고 할 수 있다. 여기에서 김순아는 몸의 감각을 통해 내 속에 내재된 두 개의 존재성을 인식하는데, "어두운 마음"을 가진 어머니와 "무거운 짐"을 진 아버지의 존재 사이에 태어난 것이 '나'라는 인식이다. 생물학적인 존재로서 '나'는 두 성의 유전자를 물려받은 융합체인데 현실에서는 왜 여성적 유전자만으로 내 존재성을 결정하는지에 대한 의문을 가진다. 내 속에 내재된 것이 두 개의 성

이라면 남성들이 가진 자질이 여성에게도 있지 않은가. "우주의 시간이 되면 몸 어딘지 모르게 욱신욱신" 거리는 것은 심리적인 현상이 촉각적 신체 증세로 나타난 것이라 할 수 있다. 촉각적 의미에서 통증은 자연적인 존재로서의 조화를 상실한 것을 의미한다. 현실에서 여성의 실존에 문제가 있다는 생각이 몸의 현상으로 지각된 것이라 할 수 있다. 과거의 역사를 담지하고 있는 유전적인 성의 기억이 현 질서에서의 문제를 "욱신욱신"이라는 촉각적 통증으로 표현한 것이다. 그런 점에서 통증으로 표출되는 촉각적 증세는 사회화된 몸의 질서를 거부하는 것이다. 현재의 젠더(Gender)적 서열을 거부하는 의식일 뿐 아니라, 남성에게 유리했던 역사적 환경을 바꾸고 싶어 하는 갈망이다.

이러한 사이의 존재성은 실존 자체가 경계선 넘나드는 속성을 가지고 있는 것이 아닌가 하는 생각으로 변주된다. 「깜박이다」에서 그녀는 현실에서의 사이에 대해 성찰한다. 현실에 대한 인식과 망각이 나를 살아가게 하는 동력이라는 것을 부모님의 죽음을 통해서 알게 된다. 부모님을 잃은 슬픔과 절망 속에서도 나는 그것을 잠시 망각을 할 수가 있어서 "밥"을 먹고 살아간다. 이것은 우리의 실존적 속성이 인식과 망각 사이에 있다는 것을 보여준 것이다. 인식을 한다고 해도 생존 앞에서는 그 인식을 의도적으로 혹은 무의식적으로 망각해 버린다. 인식과 망각 사이에서 끊임없이 갈등하면서 사는 것이 우리의 실존성이라는 것을 보여주는 측면이다. 때문에 "틈 사이에 끼어 있는 나"는 새로운 세계에 존재하는 아프락삭스를 향한 날

갯짓이다. 여성으로서 '나'의 실존성을 정립하려는 김순아의 의식이라 할 수 있다.

집단적인 '아비투스(habitus)'의 응콘데

김순아가 여성적 자아를 넘어 포착하고 있는 또 하나의 프레임이 사회의 실존적 형상이다. 하지만 그녀가 포착하는 사회의 실존적 형상은 강자와 약자의 사이에서 생성되고 있는 수많은 가시들. 그 가시들이 만들어내는 집단적인 아비투스, 수많은 상처를 품은 응콘데 형상을 하고 있다. 아비투스란 사회적 위치나 환경, 계급 위상에 따라 후천적으로 길러져 구조화되는 개인의 성향체계를 말한다. 이런 성향체계는 사회 속에서 무의식적으로 상속이 된다. 갑, 을 관계의 명령어나 경쟁적 질서로 인한 현대인의 무관심은 역사의 진화와 함께 상속되어온 아바투스의 한 양상이다. 경쟁이 가속화될수록 인간에 대한 무관심은 증폭된다. 이것은 곧 우리의 실존적 방향성이 잘못된 방향으로 나아가고 있다는 것을 의미한다.

인간성 상실로 치닫고 있는 사회의 실존적 형상에서 김순아가 주목하고 있는 것은 경쟁적 실존에 중독되어 있는 우리의 군상이다.

갈수록 사람 드물어지고 사람이라는 이름을 가진 동물들만 늘어간다. 호랑이 사자 하이에나 삵 같은 사람 동물들이 넘쳐난다. 법과 윤리는 사라지고, 동물들이 잘 살며 권력을 가질 수 있다고 수단방법 가리지 않고 보여준다. 나는 사람인가 사람이라는 이름을 가진 동물인가. 밤거리를 걸으면 맹수의 눈알처럼 번뜩이는 전광판, 질긴 생의 창자들을 완강히 물고 놓아주지 않는 네온사인, 골목마다 맹수들이 포식하고 구역질하는 소리, 바글거리며 벌레들 몰려드는 소리, 먹잇감 놓친 창백한 얼굴 몇은 지나가는 개에게 절을 하고, 그 사이로 쥐새끼들 빠르게 지나가고

—「아수라장」 부분

더는 갈 곳이 없다. 먼 곳을 찾아왔다고 하는 곳이 기껏 이곳. 공동묘지보다 더 죽음의 냄새로 가득 찬 도시

—「죽음 권하는 사회」 부분

김순아가 경쟁적 실존에 주목하는 것은 이것이 타인에 대한 무관심을 가져오는 원인이라 보기 때문이다. 이런 인간의 면모를 그녀는 사람이 아닌 동물로 알레고리 한다. "호랑이 사자 하이에나 삵" 등 주로 맹수로 알레고리 되는 사람들은 사회에서 돈과 힘, 권력을 가진 자들로 누구보다 빠르게 질주하는 많은 욕망을 가진 사람들이다. "권력을 가질 수 있"다면 "수단방법"을 가리지 않는 이들은 경쟁에서 주로 이기는 사람들로 대체로 한 사회를 이끌어나가는 주체가 된다. 이들을 보면 알 수 있듯 인간은 나의 생존과 연관될 때 가장 본능적인 감각, 즉 동

물적 속성을 발휘한다. 동물적 속성이란 어떤 면에서 가장 순수한 우리의 실존성일진대 여기서는 오히려 인간성을 상실한, 생존을 위해서는 사유를 망각한 존재로 쓰이고 있다. 이것은 달리 말하면 경쟁의식은 본래적으로 가진 인간의 본성으로, 절대 소멸할 수 없는 인간 심리라는 것을 의미한다.

때문에 경쟁에서 이기지 못한 사람은 자신보다 힘의 서열이 높은 존재의 명령에 순응하며 살아갈 수밖에 없다. 인간이 이런 힘의 논리에 길들어가는 것은 당연한 것인지도 모른다. 김순아가 다른 시에서 "우리는 본디 늑대였"지만 "개 같은 세월 살아내기 위해/비루먹은 개처럼/깨갱 엎드려 지내"(「슬픈 늑대」 부분)는 존재라고 말했듯, 그것이 돈이든 힘이든 간에 사회가 서열화 되어 있는 한은 명령어로부터 헤어날 길이 없다. 이런 구조 속에서 사회주변인이나 약자들은 생존하기 위해서 저항해야 하지만 그렇지 못한 현실로 인해서 스스로 길들어가는 삶을 선택할 수밖에 없다. 이런 개 같은 인생, 경쟁의 틈새에서 생기는 가시에 찔리는 것은 늘 사회적 약자들이다.

이런 사회를 김순아는 "더 이상 갈 곳이 없"는 "죽음을 권하는 사회"(「죽음 권하는 사회」)라 말하고 있다. 경쟁에 살아남은 사람이나 뒤처진 사람 모두 상처투성이인 회생불능의 사회를 온몸에 가시를 꽂고 있는 웅콘데의 형상이라 생각하는 것이다. 웅콘데의 구체적인 또 한 형상이 서로에게 무관심한 성향체계를 가지고 있는 현대인의 일상이라 보고 있다.

리모컨을 들고 다시 TV채널을 돌려도 난장판정치, 외도, 추행, 폭행, 방화, 강간, 강도, 살인을 전하는 뉴스, 이상하다 내가 꿈을 꾸고 있는 것일까, 버튼을 눌러도 꺼지지 않고 꼬집어도 감각이 없는 뉴스, 도대체 새벽은 언제 오려는 걸까

—「길고 지루한 뉴스」 부분

누가 또 이사를 가나보다. 1701호에서 1702호 사이, 1601호에서 1602호 사이, 아파트 복도 바닥을 스윽 스윽 밀면서 이삿짐상자 끄는 소리, 문을 두드리듯 쿵쿵 부딪치면서 바닥과 마찰하는 저 소리, 그러나 아무도 내다보지 않는다. 누가 떠나거나 말거나 방안에 앉아 TV리모컨을 누르거나, 짠지에 라면을 후루룩거리고 있을 것이다. 위층에서 내리는 마지막 물소리, 쿵쿵 발 딛는 소리, 불 끄는 소리 들려도, 푹신한 소파에 앉아 뉴스를 보다가 코를 골며 잠이 들 것이다.

내가 떠날 때도 그럴 것이다.

—「이사」 부분

내가 하루에도 몇 번씩 드나드는 편의점, 거기서 내가 만났을 수도 그렇지 않을 수도 있는 사람들, 그 중에는 자식을 죽여 방안에 몇 년째 방치해 놓고 방향제를 사러 나온 아버지도 있을 테고, 부모 유산을 탐하여 정신이 온전치 못한 아버지를 휠체어에 태워 근처 법무사사무소에 가 유언공증을 받고 나온 큰 아들도 있을 테고, 혼자 아이를 낳아 쓰레기통에 버리고 목이

말라 우유를 사러 온 여학생, 게임기자판을 두들기다 심심하여 지나가는 또래 아이에게 삥을 뜯고 그 돈으로 컵라면을 사러 온 남학생, 바람난 아내를 뒷조사하다 속이 아파 소화제를 사러온 남편, 몇 년째 취업에 실패하여 부모 눈치 살피다 담배를 사러 온 총각, 강제로 명퇴당한 실직자, 무명시인, 심지어 맞은편 절에서 사람으로 위장하고 소주를 사러 온 부처조차 있을지 모른다. 그러나 24시간 열린 편의점은 그 모든 존재를 다 받아준다. 참으로 관대한 신神이다.

— 「관대한 신神」 부분

인용 시들에서 시적 대상들은 현실에 대해 무감각한 반응을 보인다. 「길고 지루한 뉴스」에서 보듯 텔레비전에서 방영되는 뉴스는 "꼬집어도 감각이" 느껴지지 않을 정도로 사람들의 관심을 끌지 못한다. 이러한 시적 화자의 청각적 무감각은 여러 차례의 반응을 통해서 경험한 심리적인 결과일 것이다. 인간은 무언가가 얻을 수 있다고 생각할 때 몸의 감각이 예민하게 반응한다. 처음에는 뉴스가 주는 정보에 반응했을 것이나, 반복되는 사회적 현상에 대한 심리적 실망이 화자로 하여금 무감각과 무관심의 귀를 택하도록 한 것일 것이다.

이런 현실에 대한 무감각은 인간관계의 무관심으로 이어진다. 「이사」를 보면 알 수 있듯 아파트에 사는 사람들은 옆집 사람이 이사를 가도 내다보지도 않는다. 누가 가는지 오는지 관심이 없다. "내가 떠날 때도 그럴 것"이라는 생각은 인간에 대한 성향체계를 보여주는 측면이라 할 수 있다. 관심을 줄 필요성도 받을 필요성도 가지지 않는 심리는 현실이 사람들의 마음에 얼마나 많은 가시를 꽂았는가를 보여주는 측면이다. 인간을 구성원으로 하는 사회에서 인간을 피하려고 하는 심리는 사람이 상처로 기억되기 때문이다.

 이러한 상처로 인한 무관심은 「관대한 신神」에서 극대화되어 있다. 시에 나오는 "편의점"이라는 공간은 필요에 의해 함께 점유했다가 쉽게 떠나는 현대인의 일상적 특징을 가장 잘 보여주는 곳이다. 공간적 의미에서 이런 개방적인 공간은 여러 방향의 세계와 연결되어 있다. 시에서 시적 대상들이 살아가는 여러 실존적 모습은 여러 세계의 표상이라 할 수 있는데, 심리적 구심점이 없다보니 집약이 되지 않는다. 심리적 구심점이 없어 여러 세계를 떠돌아다니는 유목성을 가진 것이 현대인이라 할 수 있다. 편의점의 사람들은 공간을 공유하면서도 서로의 사생활에는 관심이 없다. "자식을 죽여 방안에 몇 년째 방치해 놓고 방향제를 사러 나온 아버지"가 와도, 강제로 아버지의 유산을 빼앗은 아들이 와도 그들의 삶을 묻지 않는다. 이것은 인간과 인간의 관계가 극단적으로 고립되어 가는 현상이다. 앞만 보고 질주하는 사람에게 옆을 돌아볼 여유가 있겠는가? 질주욕망과 무관심은 마치 다른 방향을 보고 있는 샴쌍둥이 같은 형상으로 내재되어 있는 현대인의 성향체계라 할 수 있다. 어떤 면에서 편의점과 같은 공간은 서열화가 없는 곳이라 할 수 있겠으나 이것은 인간이 배제될 때 가능한 일이다. 인간이 다른 인간을 배제하면서 서로 방해받지 않고 다른 꿈을 꿀 수 있는 세계, 편의점은 무관심의 극단을 보여주는 공간이라 할 수 있다.

가시 제거 방안의 '무위無爲' 의식

김순아가 우리의 자화상을 웅콘데로 보는 것은 고통의 성찰을 통해서 현실의 문제를 해결하려는 주술적 심리의 일종이라 할 수 있다. 사회의 아픈 단면이 한 편의 시로 완성될 때마다 주술을 읊는 웅콘데는 완성된다. 수많은 웅콘데를 만들면서 그녀가 다다른 주술적 해법은 노자가 주장하는 '무위'의 사상이다. 경쟁과 질주 욕망이 만들어내는 폭력과 지배, 소유 욕망 등을 거부하는 '무위'의 사상은 남성적 질서를 대립하는 차원에서 해결하려는 의식이 아니라 본래적인 현상의 성찰을 통해서 현실의 문제를 해소하려는 방식이다. 그것을 구체화한 것이 수동적이고 부드러운 힘으로 현실의 도道를 강조하는 시들이라 할 수 있다.

무너져 내리는 것들을 위해 가장 낮은 곳에서 세상을 소리 없이 받치고 있는, 바닥의 힘을 전수받기 위해 나는 오늘도 바닥에서 뒹군다

— 「바닥의 힘」 부분

수천의 잎을 떨구고 나무는 말없이 살아간다
수천의 목숨을 빼앗기고 우리도 말없이 살아간다
잎 떨군 나무는 가지 뻗어 사방을 찌르지만
목숨 빼앗긴 우리는 팔 구부려 제 몸 감싸기에 바쁘다

— 「생존방식」 전문

  인용 시들을 보면 김순아가 주목하고 있는 것은 계층의 하부에 있는 실존적 양상이다. 계층적 하부란 이성을 토대로 하는 사회적 질서에서 보면 약자이지만 이성을 배제한 자연적 질서에서 보면 생명을 근원을 지탱하고 있는 존재들이다. 그런 점에서 「바닥의 힘」에서 보여주고 있는 계층적 하부는 경쟁에서 뒤처진 돈 없고 권력이 없는 사회적 약자들이라 할 수 있다. 인간의 욕망이 만들어내는 상부 계층의 문제를 김순아는 하부 계층에서 찾으려고 하고 있는데, 그것이 "가장 낮은 곳에서 세상을 소리 없이 받치고 있는" "바닥의 힘을 전수 받"으려는 시적 화자의 태도이다. 그의 다른 시에서도 보여주듯 김순아는 "세태처럼 질주하는 차바퀴에 으깨지고/ 발길에 짓밟히면서"(「풀의 포스」 부분)도 오랜 역사 속에서 사라지지 않고 생존해온 민중의 힘을 믿고 있다.

  김순아는 이런 민중의 힘이 우주적 존재로서의 자연적 속성에서 나온 것이라 믿는데, 그것이 「생존방식」에서 보여주는 존재의 실존방식이다. "수천의 잎을 떨구고" 살아가는 나무와 같이 인간도 "수천의 목숨을 빼앗기고" "말없이 살아간다". 그런데 여기서도 인간은 어쩔 수 없이 사유하는 동물이다. 자신의 것을 잃은 나무는 "가지를 뻗어 사방을 찌르"면서 무작위로 생존하지만 인간은 "목숨을 빼앗"기면 "팔 구부려 제 몸 감" 싼다. 이것은 인간이 자기애自己愛를 가졌기 때문에 생존할 수 있다는 일면을 보여준 것인데, 이런 자기애의 부작용이 욕망의 질주라 할 수 있다. 인간은 생물과 같이 무작위로 생존하는 것이 아니라 자신을 소중히 여기는 마음, 인간으로서의 자긍심을 가졌기 때문에 동물적 속성에서 벗어날 수 있다는 것이다. 자연적 세계에서 서열은 먹고 먹히는 먹이사슬로 형성되지만 정신적 차원의 차별은 없다고 할 수 있다. 존재와 존재의 관계가 평등한 자연적 세계에서는 명령어가 존재할 수 없어서 심리적 가시가 생기지는 않는다. 인간이 가지는 무력감이나 패배감은 생존이 해결되지 않아서가 아니라 심리적 서열화 때문이다. 가진 자가 못 가진 자들을 지배하고 통제하기 때문에 생기는 정신적 문제라 할 수 있다. 그런 점에서 이러한 문제를 해결하려면 먹이사슬의 구조가 아니라 심리적 구조를 바꾸어야 한다. 심리적 구조를 바꾸는 해결 방안으로 제시한 것이 경쟁하지 않는 삶, 유약함을 세상의 이치로 삼는 '무위' 의식을 드러낸 시들이라 할 수 있다.

> 바위가 쓸쓸하여 나무의 품으로 파고든 것인지
> 나무가 쓸쓸하여 바위를 품어준 것인지 서로의
> 불구를 껴안고 한 몸으로 살아가는 나무바위 틈

가슴이 붙은 채 서로를 꼭 끌어안고 태어난 샴쌍둥이 부엉이
머리 둘에 하나의 심장 서로 분리되지 않은 채
세상에 나온 샴쌍둥이 꽃뱀들

무수한 신경과 조직이 서로 얽히고설킨 몸들
살기 위해 갈등과 충돌을 자제하며
사랑과 배려와 연민과 인내로 무장한 운명공동체

하나이면서 하나가 아닌 둘이면서 둘만도 아닌
노자의 도道 이야기가 무위無爲의 실현이
곧 생존임을 몸으로 보여주는 저 수많은 목숨들
— 「운명공동체」 전문

    어디선가 가쁜 호흡이, 간간이 연약한 숨소리가 들리는 것 같았습니다. 나는 벚나무 둥치를 끌어안고 장난하듯 젖꽃판을 꾹꾹 눌렀습니다. 그러자 꽃봉오리들 젖꼭지처럼 탱탱하게 부풀어 오르며, 훅, 꽃비린내 사방으로 쏟아져 나왔습니다. 그 순간 아아, 나는 보았습니다. 그 안에, 폭죽처럼 터지는 꽃 안에 웅크려 있는 어머니를. 나를 기다려 언제나 창 쪽으로 몸을 구부려 계시던 어머니, 돌아가시기 전, 배만 둥그렇게 부풀어 올랐던 어머니가, 그 안에 겨울애벌레처럼 웅크리고 있었습니다. 몸속에 점점이 덩어리져 있던 말, 이제 오나, 이제야 오나—실뿌리까지 머금었던 말, 꽃비린내 풍기며 빠져나가고, 벚나무는 다시 깊은 잠에 빠지고 있습니다
— 「벚나무 아래서」 부분

「운명공동체」에서 시적 대상은 서로 단점을 보듬으면서 살아가는 삶의 방식을 택하고 있다. 이들은 "살기위해 갈등과 충돌을 자제하며" "불구를 껴안고 한 몸으로 살아가는" 실존적 형상을 보여준다. 이러한 실존적 형상은 "사랑과 연민과 인내로 무장한 운명공동체"의 한 형태로서 무위의 삶을 지향하는 것이다. 이러한 삶을 지향하기 위해서는 싸우거나 다투지 않는 부쟁不爭, 무소유를 뜻하는 부유不有 그리고 자신을 내세우거나 자랑하지 않는 부시不恃, 사물을 탐내지 않는 무욕無慾을 가져야 한다. 이러한 마음을 가질 수 있을 때 우리가 사는 현실의 문제들이 해결된다. 때문에 그녀가 무위의 삶을 지향하는 것은 경쟁하면서 많은 것을 소유하려는 인간에 대한 비판이라 할 수 있다. 소유하기 위해서 자연을 파괴하고, 나아가 인간마저 파괴하고 있다는 사실을 보여준 것이다. 생명을 지나치게 특수화하여 변화에 적응하는 유연성을 상실하게 만든 주범이 인간이며 그로 인해 세계가 위험에 처해 있다고 보는 것이다. 그 중심에 존재를 서열화하는 남성적인 질서가 있다고 보는 것이다.

그래서인지 '무위'의 지향성은 여성성을 재발견하는 의식으로 변주되어 나타난다. 「벚나무 아래서」는 여성을 억압적 존재로 시적 대상화 하는 다른 시들과 달리 여성의 실존적 가치를 재발견하고 있는 시이다. 질주와 성장에 대한 강박증을 가지고 있는 남성적 질서와는 달리 여성적 질서는 경쟁에 무관심할 뿐 아니라, 서로를 포용하고 감싸 안으면서 세계를 구축해 나간다. 남성성이 힘이나 강한 것을 무기로 세계를 재편해나간다면 여성성은 유연성을 무기로 세계에 이끌어나간다. 남성적 힘과 권력, 질서가 사회를 왜곡된 방향으로 이끌고 갈 때 소리 없이 인류의 역사를 이어가게 한 것은 여성성이라는 것을 보여주고 있다. 여성으로 살아가면서 "소리죽인 말들"과 "연약한 숨소리"가 만들어내는 "꽃비린내", 즉 생명의 기운은 남성들이 훼손해 놓은 자연을 끊임없이 재생시키는 생명의 냄새이다. 남성적 질서가 만든 사사로움을 극복하고 욕망을 줄여나가는 여성성에 주목한 것이다. 무궁한 수용성과 창조성을 가진 모성성, 여성이 가진 유약함이 남성적 질서가 만든 문제들을 해결할 수 있다고 보고 있다.

이런 '무위' 의식은 김순아의 다른 시편들에서 보여준 인간 본성에 대한 성찰과 무관하지 않다. 김순아가 여러 편의 시를 통해서 이성적으로 사유화된 감각보다는 몸의 현상이나 생물학적 존재로서의 본래적 인간성을 보여준 것은 그런 맥락일 것이다. 사회의 계층화가 사라져야 강한 자와 약한 자의 구분이 없어지고 상대적으로 폭력도 없어진다. 그것이 물질이든 정신이든 간에 많은 것을 소유하려는 인간의 욕망이 사회 문제를 만드는 원인이다. 이러한 것의 해소 방법으로서 유약함이 세상의 이치라는 여성 문명론에 주목하게 한 것이라 할 수 있다. 하지만 사회화가 진화될수록 인간이 소통하는 방식은 더욱 차단되어 있다. 문명의 진화라는 것은 좀 더 안락하고, 많은 것을 가진 삶을 추구하는 욕동과 관련이 있다. 우리가 사는 세계 속에서 움직이는 욕동은 인간을 절대로 평등한 존재로 살아가게 하지 않을 것 같다. 이것은 신이 만든 인간의 어쩔 수 없는 본성이기 때문이다.

이상과 같이 김순아의 시적 특징들은 여성적 실존성과 사회적 실존성에 대한 고민이라 할 수 있다. 여성적 실존성에서 출발한 시적 자아가 '나'를 넘어서 우리의 실존적 문제로 확대해 나간 것이라 할 수 있다.
　이러한 탐색의 결과로써 김순아의 여성적 실존성은 남성과 여성의 경계선에 있다. 가부장적 질서에 저항을 하려는 야생의 눈빛이 간혹 보이기는 하나 능동적인 행동성은 아니라 볼 수 있다. 김순아는 길들어진 실존성과 길들여지지 않은 실존성 사이에서 여전히 갈등을 겪고 있는 것으로 보인다. 그리고 질주욕망과 무관심의 성향체계를 가진 현대인을 온몸에 가시를 꽂은 응콘데 형상으로 보고 있는데 이것은 이러한 인간성을 만든 남성적 질서에 대한 비판이라 할 수 있다. 남성적 질서의 서열화와 문명화가 인간을 욕망과 무관심의 화신으로 만들어 놓았다고 보고 있다. 이러한 의식이 좀 더 진전된 것이 남성적 질서를 배제하고, 여성적인 유약함을 세상의 이치로 삼는 '무위' 의식이라 할 수 있다. 인간은 자연의 한 요소에 지나지 않으며, 인간이 아무것도 하지 않으면서 지구의 중심임을 주장하지 않을 때, 세상은 평화로워진다는 것을 보여준다.
　현실적으로는 모든 존재가 동등한 지위를 갖는 우주공동체는 가능하지 않겠지만 이러한 것을 지향하는 심리적인 방향성은 그래도 가능할 것이다. 우리가 덜 갖고, 덜 질주하며, 덜 욕망하는 방법만이 새로운 질서를 세우는 방법이다. 심리적 체제가 평등해지면 사회제체나 물질적 체제가 바뀔 수 있다는 것이 김순아의 시적 전언이다.

● 시인의 말

　언제부터인가 내 삶도, 시도 엉터리라는 느낌이 나를 고통스럽게 한다. 어둡고 잔혹한 시대, 나는 어떻게 살고 있는가. 내 시의 얼굴은 어떤 표정을 하고 있을까.
　그러나 너를 통하지 않고 나는 결코 내 모습을 볼 수가 없다.
　너라고 불리는 저 수많은 나의 얼굴들,
　잔뜩 일그러져 있다.

　그리고 다시 쓴다.

　생애 세 번째 시집이다. 누구나 그러하듯, 시편을 묶으면서 나는 나 자신이, 삶이, 시가, 달라지기를 간절히 바란다.

2016년 초여름
김 순 아

> 「이 도서의 국립중앙도서관 출판예정도서목록(CIP)은 서지정보유통지원시스템 홈페이지(http://seoji.nl.go.kr)와 국가자료공동목록시스템(http://www.nl.go.kr/kolisnet)에서 이용하실 수 있습니다.(CIP제어번호: CIP2016013526)」

포엠포엠시인선 014

슬픈 늑대

김순아 시집

초판 1쇄 발행 2016년 6월 3일

지은이   김순아
기획 제작   한창옥 성국
디자인   성국 김귀숙
펴낸곳   도서출판 **포엠포엠 POEMPOEM**
출판등록   25100-2012-000083
본사   서울시 송파구 잠실로 62 트리지움 308-1603 (05555)
편집실   부산시 해운대구 마린시티 3로 37 오르듀 1322호 (48118)
출간 문의   010-4563-0347, 02-413-7888 FAX. 051-911-3888
메 일   poempoem@hanmail.net
홈페이지   www.poempoem.kr

제작 및 공급처   산업디자인전문회사 두손컴

정가 10,000원

ISBN 979-11-86668-09-2   03810

저자와 협의 아래 인지를 생략합니다.
이 책의 저작권은 저자와 출판사에 있습니다.
저자 허락과 출판사 동의 없이 무단 전재 및 복제를 금합니다.
잘못 만들어진 책은 바꿔드립니다.

본 도서는 2016년 한국문화예술위원회, 경상남도, 경남문화예술진흥원의 사업비 지원을 받았습니다.